まえ

公認会計士試験の試験制度が、現在のような短答式試験と論文式試験の２段階選抜方式に改訂されてから、久しく時が経過しました。過去10年間の短答式試験（財務会計論計算）の過去問を振り返ってみますと、なかなか一言では特徴を言い表せないというのが本音です。それでも、次のような出題傾向があるということに異論はないと思われます。

第１に、基本的な勉強をしっかりやっておけば、確実に正答できる問題が多く出題されているということです。毎年各論点からまんべんなく問われていますので、各論点の基本部分をしっかりと押さえていくことが重要です。

第２に、その場でじっくり考えなければ正答できない応用問題も少なからず出題されているということです。このことは、臨機応変さや時間配分の見極め等、科目の実力以外に、合理的かつ効率的な問題解法能力が要求されているということを意味しています。

短答式試験は、明らかに論文式試験とは出題傾向が違います。予め答え（選択肢）が用意されており、その中から正答を選択しなければならないという厳しい面もあれば、逆に全く手も足も出ない問題であっても、選択肢を６つとすれば６分の１の確率で正答を選択できるという面もあります。短答式試験に対する対応力は人それぞれ異なります。短答式試験に苦手意識を感じる受験生の皆さんにとっては、早めに短答式試験の出題傾向に慣れ親しんでおくのが得策だと思われます。

今回の『短答式対策　財務会計論（計算）』は、最近の短答式試験の出題傾向をふまえて編集させていただきました。

本書を用いて学習することにより、受験生の皆さんの短答式試験対策が万全なものとなるよう、心から願ってやみません。

2023年（令和５年）５月

資格の大原 公認会計士講座
財務会計論スタッフ一同

本書の特徴と構成

最新の会計基準を含む、出題可能性の高い論点を網羅

・従来の頻出論点だけでなく、最新の会計基準も含め全100題を厳選。

試験傾向に対応した問題演習に最適

・試験傾向に対応した問題演習を行うことにより、短答式試験の得点に直接結びつく学習が可能。

最新の会計基準を含め全100題を掲載。

解説には図解を加えていますので、会計処理のイメージがつかめます。

56 支店分散計算制度

当社は、本店のほかにA支店とB支店を有している。支店相互間の取引は支店分散計算制度を採用している。以下の〔資料Ⅰ〕～〔資料Ⅲ〕に基づいて、本支店合併損益計算書の売上総利益として、正しい金額の番号を一つ選びなさい。

〔資料Ⅰ〕 決算整理前残高試算表（一部）

（単位：千円）

勘定科目	本店	A支店	B支店	勘定科目	本店	A支店	B支店
繰越商品	550	640	330	繰延内部利益	80	──	──
A支店	300	──	──	本店	──	240	700
B支店	700	280	──	A支店	──	──	200
仕入	2,750	2,160	1,000	売上	2,860	2,015	1,920
本店より仕入	──	480	300	本店へ売上	──	630	──
A支店より仕入	630	──	600	A支店へ売上	540	──	──
				B支店へ売上	300	680	──

〔資料Ⅱ〕 本支店間および支店相互間の取引の概要

1．本店は商品Xを仕入れ、一部をA支店とB支店に送付して販売している。なお、本店は原価に20%の利益を加算してA支店およびB支店に送付している。

2．A支店は商品Yを仕入れ、一部を本店とB支店に送付して販売している。なお、A支店は原価に25%の利益を加算して本店およびB支店に送付している。

〔資料Ⅲ〕 決算整理事項等

1．当期に行われた本支店間および支店相互間の取引のうち、商品Xおよび商品Yに関して未達取引があるため、決算において未達事項を整理する。

86 問題編

56 支店分散計算制度

《解答》 ④

《解説》 （以下、単位：千円）

1．照合勘定の分析

(1) 商品X

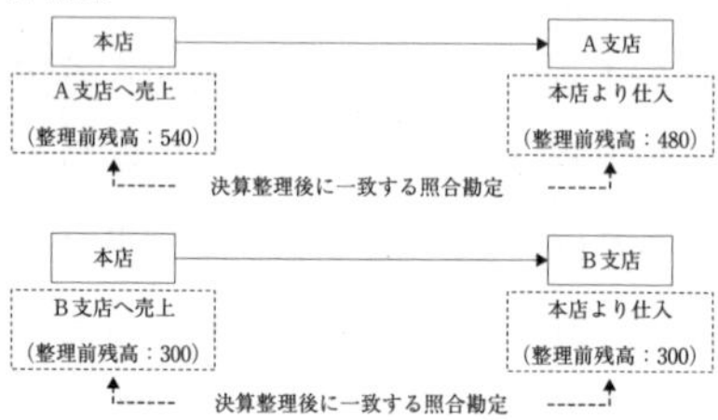

(2) 商品Y

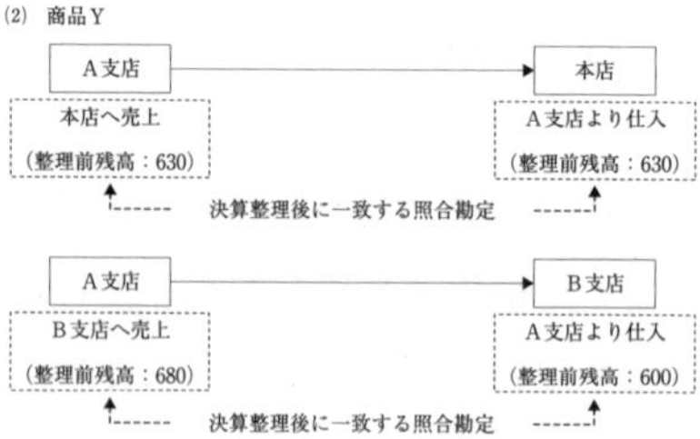

234 解答・解説編

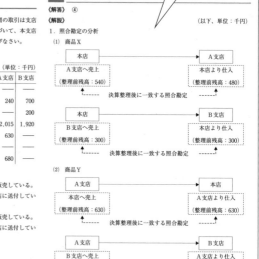

本試験に直結する厳選問題を掲載しています。

コンパクトでわかりやすい解説

本書の使い方

短答式試験の対処方法として、最も重要なことは、論文式と同様に、正確な知識を網羅的に身につけることです。また、短答式試験においては、論文式試験では出題されにくい分野からの出題も大いに予想され、様々な出題形式に慣れることも必要です。

本書には、バラエティに富んだ出題形式で各種の問題が掲載されていますので、本書で十分に練習を積んでください。そうすれば、常日頃の学習においても、どこをどのようにおさえておけば短答式試験対策として有効かが体得されてくるでしょう。

そして、仕訳や計算結果の正しいものを選択させる問題に対応するためには、規定の文言や理論を、具体的な計算方法及び仕訳にまでおろしておさえておく必要があります。

また、限られた時間内で正解を導くためには、正攻法の勉強だけでは不十分だと思われます。短答式の問題の正答を早く見つけるためのテクニックといったようなものも必要不可欠といえます。

本書には、様々な形式の問題を収録していますので繰り返し解くことにより合格に必要な実力を身につけてください。

財務会計論（計算） 出題論点一覧表

出題論点・テーマ	2019年第Ⅰ回	2019年第Ⅱ回	2020年第Ⅰ回	2020年第Ⅱ回	2021年	2022年第Ⅰ回	2022年第Ⅱ回	2023年第Ⅰ回
商品売買					○			
特殊商品売買		○	○	○				
棚卸資産の期末評価			○	○	○		○	
現金及び預金		○	○	○	○	○		○
債権・債務等	○		○	○			○	
貸倒れと貸倒引当金		○		○	○		○	○
有価証券			○					○
デリバティブ取引・ヘッジ会計等								
有形固定資産	○		○			○		○
リース取引		○	○	○	○	○		
無形固定資産		○					○	
研究開発費とソフトウェア			○				○	
投資その他の資産								
固定資産の減損	○		○				○	
繰延資産	○					○		
社債	○	○		○	○			
引当金		○				○		
退職給付	○		○	○	○	○	○	
資産除去債務	○		○				○	
純資産		○	○	○	○			
分配可能額の算定	○							
新株予約権と新株予約権付社債	○		○			○		
ストック・オプション		○					○	○
税金								
税効果会計		○			○	○		○
外貨建取引		○		○	○		○	
帳簿組織								
本支店会計								○
製造業								
本社工場会計						○		
工事契約	○	○	○					
個別キャッシュ・フロー計算書				○	○		○	
四半期財務諸表								
会計上の変更及び誤謬の訂正						○		○
１株当たり情報								
連結会計	○	○	○	○	○	○	○	○
企業結合	○				○	○		○
事業分離等			○					
連結キャッシュ・フロー計算書		○						
セグメント情報								
収益認識				○	○	○	○	

目次

問題編

第 1 章
現金・預金

問題編

1 現金

次の〔資料〕に基づき、×3年度末の貸借対照表に計上される現金の金額として、最も適切なものの番号を一つ選びなさい。なお、×3年度の決算日における為替相場は1ドル＝102円、期中平均為替相場は1ドル＝105円である。

〔資料〕

1．×3年度末における決算整理前の現金の帳簿残高は8,126,370円であった。

2．決算に当たり、金庫内を調べたところ、以下のものが保管されていた。

(1) 取得時に適切に記帳されているもの

イ．外国通貨　2,760ドル（×3年度に取得。取得時の為替相場は1ドル＝108円）

ロ．郵便切手　36,450円

ハ．小切手

振出人が得意先で、振出日が×3年度決算日以前のもの　1,284,120円

振出人が得意先で、振出日が×3年度決算日の翌日以後のもの　143,880円

(2) 未記帳となっているもの

イ．振替貯金払出証書　153,360円

ロ．配当金領収証　　　　　　259,200円

ハ．社債券の利札

利払日が×3年度決算日以前のもの　　　　38,950円

利払日が×3年度決算日の翌日以後のもの　　233,700円

ニ．小切手（いずれも得意先より受け取ったもの）

振出人が得意先で、振出日が×3年度決算日以前のもの　　808,540円

振出人が当社で、振出日が×3年度決算日以前のもの　　　31,760円

(3)　その他

イ．取得した際に、現金として処理をしている収入印紙が23,200円ある。

ロ．広告宣伝費を支払うために作成し、記帳したが未渡しとなっている小切手が75,600円ある。

①　9,158,110円　　②　9,166,390円　　③　9,182,950円

④　9,346,660円　　⑤　9,354,940円　　⑥　9,454,080円

2　銀行勘定調整表

貸借対照表に計上すべき「現金及び預金」の金額として、正しい金額の番号を一つ選びなさい。なお、当社の会計期間は×12年４月１日から×13年３月31日の１年間である。また、決算日における当社の現金の実際有高は1,000千円であった。

〔資料〕

１．当座預金

(1)　当社の決算日における当座預金勘定残高は4,500千円であったが、Ａ銀行の銀行残高証明書の残高と不一致であったため、その差異の原因を調査したところ、以下の事実が判明した。

(2)　Ｂ社に対する売掛金の回収代金として、Ｂ社振出小切手450千円（振出日は×13年３月30日）及びＢ社振出約束手形150千円を受け取り、その全額

を当座預金勘定に記帳していた。Ｂ社振出小切手450千円については、×13年３月31日にＡ銀行に預け入れたが、営業時間外であったため、Ａ銀行においては翌日入金扱いとなった。なお、Ｂ社振出約束手形150千円については、決算日現在当社が保有したままである。

(3) 通信費支払いのため当社は期中に小切手600千円を振出したが、決算日現在未取付である。

(4) 過去に当社が振出した小切手200千円を売上代金として回収しており、その際に現金勘定に記帳していた。

(5) 仕入先Ｃ社に対する掛代金支払いのための小切手350千円及びＤ社に対する広告宣伝費支払いのための小切手420千円を振出していたが、決算日現在いずれも未渡しであった。

(6) ×13年３月30日に水道光熱費700千円が当座預金から引き落とされていたが、決算日現在未通知であった。

(7) 当期中の当座預金による売上高1,650千円について、以下の仕訳を行い転記していた。

(当 座 預 金)　1,560千円　(売　　上)　1,560千円

２．定期預金

当社の定期預金は以下のとおりであり、全て定期預金勘定にて処理している。

金　額	預入日	満期日
2,000千円	×12年５月１日	×14年８月31日
1,500千円	×12年７月１日	×13年12月31日
500千円	×12年10月１日	×15年９月30日

① 6,610千円　② 6,810千円　③ 7,210千円

④ 7,360千円　⑤ 7,610千円

3 現金過不足

次の〔資料〕を参考にして、雑損失あるいは雑収入に振り替えられる金額として正しいものを一つ選びなさい。

〔資料〕

1．期末にあたり、金庫の中を調査したところ、以下のものが保管されていた。なお、特に指示があるものを除き、適正に処理されている。

紙幣及び硬貨	542,354円	
自己振出小切手	16,000円	（掛代金決済のため振出したが未渡しであった）
他人振出小切手	24,200円	
収入印紙	7,800円	（購入時には租税公課勘定で処理している）
株式配当金領収書	8,000円	（未処理である）
社債利札	9,000円	（期限未到来のものである）
為替証書	7,000円	

2．現金実査直前の現金勘定残高は、576,674円であった。

3．現金の帳簿残高と実際有高とが不一致であったため原因を調査したところ、上記1．の事項の他に、営業費3,380円を支払った際に誤って3,880円と記帳していたことが判明した。その他の原因は不明である。

① 2,620円　② 3,620円　③ 12,620円　④ 18,620円
⑤ 19,620円

4 現金預金総合

以下の〔**資料**〕に基づいて、当期末の当座預金の金額として正しいものを一つ選びなさい。

〔**資料 1**〕 決算整理前残高試算表上の金額（一部）

現金預金：505,700千円　　　現金過不足：300千円（貸方残高）

〔**資料 2**〕 決算整理事項等

1．現金について

期末において、現金実査を行い、以下のものが金庫の中にあることが判明した。なお、特に指示があるものを除き、期中はすべて現金預金勘定で処理されている。

硬貨・紙幣：26,200千円　　　他人振出小切手：15,000千円
自己振出小切手：30,000千円※1　　　為替証書：6,300千円
郵便切手：1,200千円※2　　　送金小切手：7,300千円
公社債利札：4,500千円※3

※1　〔資料2〕2．参照

※2　購入時に通信費として処理している。

※3　このうち、支払期限が到来済みのものは4,200千円、未到来のものは300千円であるが、期中一切未処理である。

2．当座預金について

当期末の銀行勘定調整表は、以下のとおりである。

銀行勘定調整表

××年12月31日　（単位：千円）

銀行残高証明書残高		577,000
加算：時　間　外　預　入	16,000	
電気料金引落未通知	8,000	24,000
計		601,000
減算：未　取　付　小　切　手	?	
未　渡　小　切　手	30,000	
掛代金決済未通知	101,000	?
当座預金勘定残高		?

3．当期の損益計算書に計上される雑損失の金額は600千円である。なお、当期の雑損失は、現金に係る決算整理以外の項目からは計上されていない。

① **553,000千円**　② **573,000千円**　③ **574,200千円**
④ **593,000千円**　⑤ **594,200千円**

5 当座借越・その他の預金

下記の〔**資料**〕より、x1年12月31日（決算日）現在、貸借対照表に計上される現金預金（流動資産）の金額はいくらか。正しいものを選択しなさい。

〔**資料**〕

現　　金	800千円	
当座預金	971,000千円	（当該金額は甲銀行口座に関する1,900千円の当座借越が控除された金額である）
通知預金	37,700千円	
普通預金	4,550千円	
別段預金	1,600,000千円	

定期預金（内訳）

金　額	満 期 日
350,000千円	x2年２月28日
130,000千円	x2年12月24日
220,000千円	x3年６月10日

① **3,058,250千円**　② **3,094,050千円**　③ **3,095,950千円**
④ **3,100,250千円**　⑤ **3,101,950千円**

第2章 債権・債務

問題編

6 手 形

次の〔資料〕に基づき、流動資産に属する受取手形の貸借対照表価額として正しい金額の番号を一つ選びなさい。

〔資料〕

1．期首における受取手形の残高は6,600千円であった。

2．当期の手形に関するすべての取引は以下のとおりである。

(1) 得意先A社に対して商品を6,000千円で販売し、代金のうち4,500千円はA社振出の約束手形を受け取り、残額は以前N社が振り出した当社宛ての為替手形を受け取った。

(2) 得意先A社より、(1)の約束手形について期日延長の申し入れがあった。当社は当該申し入れを受諾し、延長期間に対応する利息100千円を含めた約束手形を受け取った。

(3) 得意先A社に対する売掛金と仕入先B社に対する買掛金とを決済するため、A社の引受けを得て為替手形2,300千円を振り出した。

(4) 得意先C社に対する売掛金を回収するため、C社の引受けを得て自己受為替手形3,700千円を振り出した。

(5) 得意先D社振出の約束手形を割引に付し、割引料150千円を差し引かれた残額4,850千円が入金された。

⑹　仕入先Ｅ社に対する買掛金を決済するため、得意先Ｆ社振出の約束手形1,000千円を裏書譲渡した。

⑺　得意先Ｆ社が民事再生法の適用となり、⑹で裏書譲渡した手形が不渡りとなったため、Ｅ社から償還請求を受け、手形代金および関連諸費用350千円をＥ社に支払った。Ｆ社に対する求償債権について、１年以内に回収される見込みはない。

⑻　手形の決済による入金額は1,800千円であった。ただし、この金額には⑸の割引による入金額は含まれていない。

３．貸倒見積高および保証債務については考慮しなくてよい。

①　7,000千円　　②　7,100千円　　③　7,250千円

④　7,450千円　　⑤　8,450千円　　⑥　8,600千円

第3章 有価証券

問題編

7 有価証券の評価（その1）

次の〔資料〕に基づいて、×1年度末および×2年度末の貸借対照表に計上されるその他有価証券評価差額金として、最も適切な金額の組合せの番号を一つ選びなさい。千円未満の端数は四捨五入すること。なお、税効果会計は考慮しないこと。

〔資料〕

1．その他有価証券の評価は全部純資産直入法による。

2．当社が保有するA社株式、B社株式、C社株式およびD社債券はいずれもその他有価証券であり、×1年度以前に取得したものである。取得原価および時価は次のとおりである。

（単位：千円）

銘柄	取得原価	×1年度末時価	×2年度末時価	備考
A社株式	6,000	6,800	6,500	
B社株式	3,000	1,400	1,800	注1
C社株式	7,000	6,400	5,200	
D社債券	9,480	9,625	9,705	注2
合計	25,480	24,225	23,205	

（注1） B社株式は、×1年度末に時価が著しく下落し、回復の見込が不明であったため、減損処理を行った。

（注2） D社債券は、×1年度の期首に取得したものであり、額面金額10,000千円と取得原価との差額はすべて金利の調整部分と認められることから、償却原価法（利息法）を適用する。満期日は×5年度末、利払日は毎年度末（年1回）、クーポン金利は年2％、実効利子率は年3.14%である。

	×1年度末	×2年度末
①	△1,353千円	△1,020千円
②	△1,353千円	△620千円
③	△1,255千円	△2,474千円
④	△1,255千円	△874千円
⑤	247千円	△2,474千円
⑥	247千円	△874千円

△は，借方残高を示している。

8 有価証券の評価（その2）

次の〔資料〕に基づき、甲社の×2年度（×2年４月１日～×3年３月31日）の金融商品に関する損益が損益計算書の税引前当期純利益に与える影響額として正しい金額の番号を一つ選びなさい。なお、千円未満の金額を四捨五入すること。

〔資料〕

（単位：千円）

銘柄	×1年度 取得原価	×1年度末 時価	×2年度 取得原価	×2年度 売却価額	×2年度末 時価
A社株式	76,115	76,700	－	79,365	－
B社株式	－	－	44,982	－	42,840
C社株式	83,811	85,995	－	89,817	－
D社株式	77,004	78,692	－	－	78,280
E社社債	－	－	94,800	－	95,900

⑴　売買目的有価証券の評価差額は切放処理によることとし、その他有価証券の評価差額については全部純資産直入法によることとする。

⑵　法定実効税率は40％であり、甲社は繰延税金資産の回収可能性に問題はないものとする。

⑶　×2年度中にA社株式、C社株式をすべて売却しているが、その他の銘柄については期末に保有している。

⑷　×2年度中にD社より配当金2,354千円を受領した。当該配当はその他資本剰余金の処分によりなされたものである。

⑸　E社社債を発行時の×2年４月１日に取得した。額面額は100,000千円である。取得価額と額面額との差額は、すべて金利の調整部分であると認められるため、償却原価法（利息法）を適用する。

満期日：×7年３月31日　　利払日：毎年３月末

クーポン金利：２％　　実効利子率：3.14％

(6)　A社株式およびB社株式は売買目的有価証券、C社株式およびD社株式はその他有価証券、E社社債は満期保有目的の債券とする。

① 9,506千円　② 9,676千円　③ 9,629千円
④ 10,091千円　⑤ 11,860千円　⑥ 13,790千円

第4章 有形固定資産

問題編

9 有形固定資産

次の〔資料〕に基づき、当期（×11年4月1日から×12年3月31日まで）末における有形固定資産の貸借対照表価額の合計額として、正しい金額の番号を一つ選びなさい。減価償却の計算は月割りによることとし、端数が生じる場合には、千円未満を四捨五入すること。

〔資料〕

1．機械装置

×5年4月1日に、200,000千円で取得したものである。耐用年数を8年として、200％定率法（定額法の償却率を2倍した数を償却率とする方法）により減価償却している。改定償却率は0.334、保証率は0.07909である。

2．備品

×10年1月1日に、126,000千円で取得したものである。残存価額をゼロ、耐用年数を6年として、級数法により減価償却している。

3．車両

① 当社は車両Aを×9年4月1日に105,000千円で取得し、事業の用に供している。車両Aは、残存価額をゼロ、耐用年数を6年とし、定額法により減価償却している。

② 車両Aにつき、×11年9月30日に下取りに出し、新たに車両Bを取得し、

×11年10月１日より事業の用に供している。車両Ａの下取価額は70,000千円、時価は64,000千円、車両Ｂの定価は126,000千円である。車両Ａの時価と下取価額との差額は、車両Ｂの値引として扱う。

③　車両Ｂの償却計算は残存価額をゼロ、耐用年数６年として、定額法により行う。

４．土地

①　当期において、当社保有の土地（交換時の帳簿価額150,000千円、時価175,000千円）と交換に、甲社保有の土地Ｘ（交換時の甲社における帳簿価額170,000千円、時価175,000千円）を取得した。

②　当期において、当社保有の売買目的有価証券（交換時の帳簿価額70,000千円、時価75,000千円〉と交換に、乙社保有の土地Ｙ（交換時の乙社における帳簿価額72,000千円、時価75,000千円）を取得した。

① 404,757千円　② 415,697千円　③ 421,697千円
④ 424,757千円　⑤ 425,697千円　⑥ 429,757千円

10 リース取引（その１）

Ｔ社は、×13年４月１日に、エメラルドリース社から備品をファイナンス・リース取引により取得した。当該リース取引に関する以下の〔**資料**〕に基づいて、当期末貸借対照表に計上される、(A)１年以内返済予定リース債務の金額と、(B)備品減価償却累計額の金額、の組合わせとして正しいものを一つ選びなさい。なお、当期は×15年12月31日を決算日とする１年間である。また、千円未満の端数が生ずる場合には、千円未満を四捨五入すること。

〔**資料**〕

リース料総額：350,365千円

リース料支払条件：毎年３月末日に１年分（70,073千円）を後払い

リース期間：５年

貸手の現金購入価額：不明

貸手の計算利子率：不明

借手の見積現金購入価額：330,000千円

借手の追加借入利子率：年3.1％

支払リース料の割引現在価値と借手の見積現金購入価額を等しくさせる割引率

：年2.0299％

所有権移転条項：有り

経済的利用可能期間：８年

減価償却方法：定額法（残存価額は取得原価の10％）

なお、当社はこれ以外に備品を有しておらず、これ以外にリース取引も締結していない。

	(A)	(B)
①	63,940千円	99,000千円
②	65,922千円	72,000千円
③	62,018千円	158,400千円
④	63,940千円	72,000千円
⑤	62,018千円	99,000千円

11 リース取引（その２）

次の〔資料〕におけるファイナンス・リース取引について、リースの借手が利息相当額を利息法で会計処理する場合の、当期末（×2年３月31日）の貸借対照表に計上されるリース債務残高として、正しい金額の番号を一つ選びなさい。なお、千円未満の端数が生じる場合は、千円未満を四捨五入すること。

〔資料〕

1. リース取引開始日：×1年４月１日
2. 解約不能のリース期間：４年（所有権移転条項なし、割安購入選択権なし）
3. 貸手の現金購入価額：不明
4. 借手の見積現金購入価額：30,000千円
5. リース物件（特別仕様ではない機械装置）の経済的耐用年数：５年
6. リース料は毎年３月31日に均等額を後払いする。残価保証はない。
7. 貸手の見積残存価額はゼロである。
8. 貸手の計算利子率：不明
9. リース料を借手の追加借入利子率（６％）で割り引いた現在価値：29,800千円
10. 利息相当額を定額法で会計処理する場合、毎回のリース料のうち、利息分は1,150千円である。

① 22,350千円　② 22,988千円　③ 23,200千円
④ 24,478千円　⑤ 25,288千円　⑥ 29,800千円

12 リース取引（その3）

次の〔資料〕に基づいて、A社の×4年度（×4年4月1日から×5年3月31日）におけるリース取引について、損益計算書に計上される費用の合計額として正しい金額の番号を一つ選びなさい。なお、千円未満の金額が生じるときは、四捨五入により処理すること。

〔資料〕

1．A社は、所有していた有形固定資産を×4年4月1日にリース会社に180,000千円で売却し、同時に当該資産のリースを受ける契約を結び、それを継続して営業のために使用している。
2．リース会社に売却した有形固定資産は、A社が×3年4月1日に216,000千円で取得したものであり、耐用年数5年、残存価額は取得価額の10%として、定額法を用いて減価償却を行っていた。
3．A社がリース会社と結んだリース契約は、所有権移転外ファイナンス・リース取引に該当するものであり、リース期間は×4年4月1日から×8年3月31日までの4年間、リース料は毎年1回、3月31日に46,080千円を支払う契約となっている。リース料の第1回の支払日は×5年3月31日である。
4．A社はリースした有形固定資産を定額法で減価償却を行っている。
5．貸手であるリース会社の計算利子率は年2.85%であり、A社はこれを知り得る。
6．A社の追加借入利子率は年3.33%である。
7．リース料総額に含まれている利息相当額は、利息法により配分する。

① 43,779千円　② 44,010千円　③ 47,154千円
④ 47,385千円　⑤ 47,874千円　⑥ 48,249千円

13 リース取引（その４）

借手である当社は、×27年４月１日に機械装置の所有権移転外ファイナンス・リース取引を行った。下記の〔**資料**〕に基づいて、当期末の財務諸表に計上されるリース債務（流動負債および固定負債の合計額）として、正しい金額の番号を一つ選びなさい。なお、当期は×28年３月31日を決算日とする１年間である。

〔**資料**〕

１．機械装置の見積現金購入価額　98,172千円

２．リース料月額　3,200千円（各四半期末に３ヶ月分のリース料を支払う。）

３．リース料には、リース資産に係る固定資産税、保険料等である維持管理費用相当額150千円（月額）と保守料である役務提供相当額50千円（月額）が含まれている。これらはいずれも借手に明示されており、リース料に占める割合は重要と判断される。

４．解約不能のリース期間　３年

５．借手の追加借入利子率　年5.2％

６．計算に当たっては、以下の現価係数表を使用すること。なお、金額について端数が生じる場合には、千円未満を四捨五入すること。

1／（1＋r×1／4）^{n}					
	現価係数			年金現価係数	
n＼r	5.2％	6％	n＼r	5.2％	6％
1	0.987	0.985	1	0.987	0.985
2	0.974	0.971	2	1.962	1.956
3	0.962	0.956	3	2.924	2.912
4	0.950	0.942	4	3.873	3.854
5	0.937	0.928	5	4.811	4.783
6	0.925	0.915	6	5.736	5.697
7	0.914	0.901	7	6.650	6.598
8	0.902	0.888	8	7.552	7.486
9	0.890	0.875	9	8.442	8.361
10	0.879	0.862	10	9.321	9.222
11	0.868	0.849	11	10.188	10.071
12	0.856	0.836	12	11.045	10.908

① 34,686千円　② 67,374千円　③ 67,968千円　④ 68,497千円
⑤ 71,866千円　⑥ 72,499千円

14 リース取引（その5）

次の〔資料〕の所有権移転外ファイナンス・リース取引について、×1年度（×1年4月1日～×2年3月31日）における貸手の利益と借手の費用を計算した場合、正しい金額の組合せの番号を一つ選びなさい。なお、千円未満の金額を四捨五入すること。

〔資料〕

1．リース取引開始日は×1年4月1日であり、解約不能のリース期間は5年である。
2．リース物件の経済的耐用年数は6年である。
3．リース料は年額5,500千円を毎年3月31日に後払いする。リース料総額は27,500千円である。
4．貸手のリース物件の現金購入価額は26,520千円であるが、借手において当該価額は明らかではない。
5．借手の見積現金購入価額は25,680千円である。
6．貸手の計算利子率は年3.28％であるが、借手はこれを知り得ない。
7．借手の追加借入利子率は年2.86％である。
8．貸手の見積残存価額は1,800千円である。なお、残価保証はない。
9．貸手および借手はともに、リース料に含まれる利息相当額を利息法で会計処理する。
10．借手は、減価償却方法として定額法を採用する。耐用年数と残存価額は、会計基準に定める原則的な取扱いによる。
11．貸手および借手の決算日はともに3月31日である。
12．現価係数および年金現価係数は以下のとおりである。

	r＝2.86％		r＝3.28％	
	現価係数	年金現価係数	現価係数	年金現価係数
5年	0.8685	4.5981	0.8510	4.5433

	貸手の利益	借手の費用
1．	820千円	5,781千円
2．	820千円	5,870千円
3．	820千円	6,139千円
4．	870千円	5,781千円
5．	870千円	5,870千円
6．	870千円	6,139千円

15 減損会計（その1）

当期末において減損の兆候があると認められる機械装置について、以下の〔資料〕を参考にして、当期（×17年3月末日を決算日とする1年間）の減損損失の金額として正しいものを選びなさい。なお、残存価額は取得原価の10%とし、減価償却の方法は定額法を採用している。また、適用する割引率は年5%とし、解答上、端数が生じる場合には千円未満を四捨五入すること。

〔資料1〕　各機械装置の取得原価等

（単位：千円）

	取得原価	耐用年数	当期末までの使用期間
機械装置A	1,000,000	5年	2年
機械装置B	800,000	8年	3年
機械装置C	1,500,000	10年	6年

〔資料2〕　各機械装置について、残存耐用年数内に生起しうる毎年の将来キャッシュ・フロー及び耐用年数到来時における各機械装置の処分価額

（単位：千円）

	毎年の将来キャッシュ・フロー	耐用年数到来時における各機械設備の処分価額
機械装置A	150,000	80,000
機械装置B	100,000	60,000
機械装置C	170,000	0

〔資料３〕 現時点における各機械装置の売却可能価額

（単位：千円）

	売却価額	備　考
機械装置Ａ	500,000	――
機械装置Ｂ	500,000	売却に際して費用が10,000千円必要である。
機械装置Ｃ	610,000	売却に際して費用が15,000千円必要である。

① **227,188千円**　② **235,000千円**　③ **249,594千円**

④ **257,406千円**　⑤ **267,188千円**

16 減損会計（その2）

以下の〔資料〕に基づいて当期（x20年4月1日～x21年3月31日）に計上される減損損失として正しい金額の番号を一つ選びなさい。千円未満の端数が生じる場合には四捨五入すること。

〔資料〕

1．当社は以下の建物Yと機械Zを1つのキャッシュ・フロー生成単位として使用している（資産グループにおける主要な資産は建物Yと認められる）。当該資産グループについて、当期末において減損の兆候が観察された。

	取得原価	経済的耐用年数	取得日
建物Y	16,000千円	20年	x16年4月1日
機械Z	9,000千円	12年	x16年4月1日

償却計算は、建物Y、機械Zともに残存価額を取得原価の10%とする定額法によっている。

2．x28年3月31日に機械Zの取替更新を予定している。再調達支出は9,000千円と見込まれる。

3．将来の各期間において、当該資産グループの使用により毎年1,350千円のキャッシュ・フローが見込まれる。

4．当期末に、各時点における建物Yおよび機械Zの正味売却価額（処分見込額）を以下のように見込んでいる。

	x21年3月31日	x28年3月31日	x36年3月31日	x40年3月31日
建物Y	5,600千円	2,500千円	1,600千円	——
機械Z	4,200千円	900千円	2,400千円	900千円

5．使用価値の計算で適用する割引率は５％であり、現価係数および年金現価係数は以下のとおりである。

	７年	12年	15年	19年	20年
現価係数	0.711	0.557	0.481	0.396	0.377
年金現価係数	5.786	8.863	10.380	12.085	12.462

① 0千円　② 7,847千円　③ 8,487千円
④ 8,645千円　⑤ 10,178千円

17 減損会計（その3）

次の〔資料〕に基づき、資産グループGについて減損損失を認識するかどうかを判定するための割引前将来キャッシュ・フローの金額として、正しい番号を一つ選びなさい。なお、計算結果に端数が生じる場合、千円未満を四捨五入すること。

〔資料〕

1．資産グループGについて減損の兆候が生じている。

2．資産グループGは、主要な資産である資産A、その他の構成資産である資産Bおよび資産Cより構成される。

3．各構成資産の経済的残存使用年数は、資産Aが25年、資産Bが30年、資産Cが15年である。

4．資産グループGから生じる将来キャッシュ・フローの見積額は、最初の10年間は毎年10,000千円であり、その後は毎年8,000千円である。

5．現在の価値を維持するための合理的な設備投資として、15年後に資産Cに代えて資産Dを30,000千円で取得する。なお、資産Dの経済的使用年数は15年とする。

6．各構成資産の正味売却価額は以下のとおりである（単位：千円）。

	15年後	25年後	30年後
資産A	17,000	14,000	――
資産B	5,000	4,000	3,500
資産C	3,000	――	――
資産D	――	2,500	2,000

7．使用価値を算定するための割引率は4％とする。割引率を4％とした場合の現価係数および年金現価係数は以下のとおりである。

	5年	10年	15年	20年	25年	30年
現価係数	0.8219	0.6756	0.5553	0.4564	0.3751	0.3083
年金現価係数	4.4518	8.1109	11.1184	13.5903	15.6221	17.2920

① 133,895千円　② 153,000千円　③ 205,463千円

④ 213,500千円　⑤ 232,463千円　⑥ 285,666千円

18 減損会計（その４）

当社は、期中に甲事業と乙事業を買収したが、甲事業に関連した以下の固定資産グループ及びのれんに減損の兆候がみられるものが存在する。よって、下記〔資料１〕～〔資料２〕に基づいて、のれんに配分された減損損失の金額を原則法（のれんを含むより大きな単位で減損損失を認識する方法）及び例外法（のれんの帳簿価額を各資産に配分する方法）によって計算した場合、それぞれの方法で算定された金額の合計額はいくらになるか、正しい金額の番号を一つ選びなさい。

〔資料１〕

（単位：千円）

	資産グループA	資産グループB	資産グループC	のれん	合計
帳簿価額	30,100	4,300	51,600	（　）	（　）
減損の兆候	なし	あり	あり	−	−
割引前将来キャッシュ・フロー	44,150	3,100	43,300	−	90,550
回収可能価額	41,775	2,900	40,000	−	84,675

〔資料２〕

1．甲事業と乙事業は内部管理上独立した業績報告が行われている。

2．のれんの帳簿価額は60,000千円であり、のれんが認識された時点の甲事業と乙事業の時価は、それぞれ90,000千円と60,000千円であった。

3．のれんの帳簿価額をのれんが認識された時点の甲事業と乙事業の時価の比率で分割する。

4．のれんの帳簿価額を各資産グループに配分する場合には、各資産グループの帳簿価額をもって配分する。

① **47,725千円**　② **60,725千円**　③ **59,325千円**
④ **49,125千円**　⑤ **73,725千円**

19 資産除去債務（その１）

次の〔資料〕に基づいて、当期（x4年４月１日～x5年３月31日）の貸借対照表に計上される資産除去債務の金額として正しい番号を一つ選びなさい。なお、計算過程で端数が生じる場合には、千円未満を四捨五入すること。

〔資料〕

1．当社は設備（取得原価：500,000千円、残存価額：ゼロ、耐用年数：５年、償却方法：定額法）をx1年４月１日に取得し、即日使用を開始している。

2．当社には当該設備を使用後に除去する法的義務があり、資産除去債務を計上している。当該資産除去債務は、取得時にのみ発生し、取得後の増減は見積の変更によるものである。

3．見積の変更等

(1) x1年４月１日における５年後の見積額は90,000千円であった。

(2) x2年３月31日における４年後の見積額は90,000千円で変更はない。

(3) x3年３月31日における３年後の見積額は120,000千円に増加した。

(4) x4年３月31日における２年後の見積額は70,000千円に減少した。

(5) x5年３月31日における１年後の見積額は70,000千円で変更はない。

(6) x6年３月31日に設備の使用が終了し、除去された。実際の除去費用70,000千円を現金で支払った。

4．割引率

(1) x1年４月１日における割引率は5.0％であった。

(2) x2年３月31日における割引率は5.0％であった。

(3) x3年３月31日における割引率は4.5％であった。

(4) x4年３月31日における割引率は5.5％であった。

(5) x5年３月31日における割引率は5.3％であった。

① 66,351千円　② 66,476千円　③ 66,667千円

④ 66,747千円　⑤ 66,986千円

20 資産除去債務（その2）

当社は×6年4月1日に、工業用の施設を10,000千円で購入した。当該施設は10年後に解体し除去する法的義務がある。下記の除去費用に関する資料を参照して、当期（×7年3月31日を決算日とする1年間）の貸借対照表に計上される資産除去債務として正しい金額の番号を一つ選びなさい。

〔資料〕

1．×6年4月1日において10年後に生じる支出（見積値から乖離するリスクを反映済み）を当社は下記のように見込んでいる。なお、資産除去債務を算定する上では、下記のキャッシュ・フローの加重平均値を用いるものとする。

インフレ率補正前 予測キャッシュ・フロー	発生確率
1,000千円	10%
1,500千円	20%
2,200千円	40%
2,400千円	30%

2．×6年4月1日における利付国債（残存期間10年）の流通利回りは4％である。

3．×6年4月1日より今後10年間のインフレ率は年平均3％となると予測する。

4．千円未満の端数が生じた場合は四捨五入すること。

① 1,405千円　② 1,689千円　③ 1,816千円　④ 1,889千円

⑤ 2,000千円

第5章 無形固定資産・繰延資産

問題編

21 ソフトウェア（その1）

次の〔**資料Ⅰ**〕及び〔**資料Ⅱ**〕に基づき、研究開発等に関する支出から当期（×1年度）の費用に計上される額として、最も適切な金額の番号を一つ選びなさい。

〔**資料Ⅰ**〕

1．当期の研究開発要員の給料として、5億円を支出した。
2．特定の研究開発目的にのみ使用され、他の目的に使用できない機械装置（耐用年数10年、残存価額0）を取得するため、20億円を支出した。
3．研究開発目的のソフトウェア制作費として、30億円を支出した。
4．市場販売目的のソフトウェアに係る最初に製品化された製品マスターの制作費として、38億円を支出した。
5．市場販売目的のソフトウェアに係る製品マスターの機能の改良費として、36億円を支出した。
6．市場販売目的のソフトウェアに係る製品マスターの著しい改良に要した費用として、26億円を支出した。
7．ソフトウェアのバグ取り費用として、3億円を支出した。
8．自社利用のソフトウェア制作費として、16億円を支出した。このうち、10億円分については将来の費用削減が確実と認められる。

9．25億円を支出して、新しい市場を開拓した。

〔資料Ⅱ〕

1．〔資料Ⅰ〕にある取引は、当期首に行われたものとする。

2．市場販売目的のソフトウェアの見込有効期間は3年である。当該ソフトウェアの減価償却は見込販売数量に基づく方法による。

	x1年度	x2年度	x3年度
見込販売数量	1,000千個	600千個	400千個
見込販売収益	80億円	30億円	10億円

なお、当期の販売実績については、当初の見込み通りであった。

3．自社利用のソフトウェアの見込利用可能期間は5年であり、定額法により償却する。

4．繰延資産に計上できる項目は繰延資産として計上し、「繰延資産の会計処理に関する当面の取扱い」で認められる最長期間で定額法により償却する。

① 128億円　② 135億円　③ 147億円

④ 153億円　⑤ 173億円

22 ソフトウェア（その2）

市場販売目的のソフトウェアに関する次の〔**資料**〕に基づいて、×2年度末において計上するソフトウェアとして、正しい金額の番号を一つ選びなさい。なお、千円未満の金額は四捨五入すること。

〔**資料**〕

1. 無形固定資産として計上されたソフトウェアの制作費総額は、36,750千円である。
2. 販売開始時における当該ソフトウェアの見込有効期間は、3年である。
3. ×1年度期首にソフトウェアを無形固定資産に計上するとともに、当該資産の販売を開始するものとする。
4. 減価償却は、見込販売数量に基づく方法による。
5. 販売開始時における各年度の見込販売数量および見込販売単価は、次のとおりである。

	見込販売数量	見込販売単価
×1年度	3,640個	8,000円
×2年度	2,185個	6,000円
×3年度	2,575個	4,000円

6. 販売開始時における見込どおりに、販売がなされたものとする。
7. 当該ソフトウェアの見込有効期間にも変更はなかったものとする。

① 7,206千円　② 10,300千円　③ 10,412千円
④ 11,266千円　⑤ 12,250千円　⑥ 13,254千円

23 無形固定資産

下記の資料を参照して、RK社の当期（×7年3月31日を決算日とする1年間）の無形固定資産償却額合計として正しいものを一つ選びなさい。なお、計算の結果端数が生じる場合には千円未満を四捨五入すること。

〔資料1〕 決算整理前残高試算表（一部）

決算整理前残高試算表
×7年3月31日 （単位：千円）

のれん	?	
特許権	9,500	
借地権	43,700	
ソフトウェア	120,000	

〔資料2〕 決算整理事項等

1．のれんについて

当期首にTN社を買収し、その際に計上されたものである。買収時におけるTN社の貸借対照表は以下の通りであり、買収時の諸資産の時価は500,000千円であった。なお、買収時に対価として387,500千円を預金口座より支払っている。計上されたのれんは、発生年度より10年間にわたり毎期均等額償却を行う。

（TN社） 貸借対照表 （単位：千円）

諸資産	450,000	諸負債	300,000
		資本金	150,000
	450,000		450,000

2．特許権について

特許権は、全て×4年8月1日に取得したものである。なお、償却期間は8年である。

3．借地権について

借地権は、全て×0年1月31日に本社ビル建設用地の借地のため支出したものである（契約期間10年間）。

4．ソフトウェアについて（過年度の償却計算は適正である）

自社利用目的のソフトウェアの取得価額は　？　千円（将来の費用削減は確実であると認められる）である。取得時における当該ソフトウェアの見込利用可能期間は5年（当期末においてすでに2年経過している）、償却方法については、定額法を採用する。当期中において利用可能期間の見直しを行ったところ、当期を含めた残存利用可能期間が3年であることが明らかとなった（利用可能期間の見直しを行った期以降の減価償却額の計算にあたり、償却費の額を補正する方法によることとする）。

① 60,250千円　② 49,000千円　③ 71,650千円
④ 65,250千円　⑤ 55,563千円

24 繰延資産

以下の取引について、当期（×8年４月１日から始まる１年間）の損益計算書における営業外費用として計上される金額として正しいものを一つ選びなさい。

〔資料〕 当期の取引（一部）

1．当期に、新株発行に関して株券印刷費、広告費などの諸経費900,000千円を株式交付費として現金で支払った。会計処理は、原則的な方法によって処理している。

2．当期に、社債発行にあたり募集広告費及び取扱手数料など500,000千円を要し、社債発行費として現金で支払った。発行条件は、発行日：×8年４月１日、社債額面総額：20,000,000千円（平価発行)、償還期限：５年、年利率：２％、利払日：３月末（年一回払い）である。社債発行費は繰延資産として処理し、償還期限内に月割計算をもって均等償却する（定額法)。

3．当期に、新商品販売に伴う新市場を開拓するべく、特別の広告宣伝を行い、広告料300,000千円を開発費として現金で支払った。会計処理は、原則的な方法によって処理している。

① 700,000千円
② 800,000千円
③ 1,100,000千円
④ 1,400,000千円
⑤ 1,700,000千円

第 6 章

社債・新株予約権

問題編

25 社　　債（その１）

次の〔資料〕に基づき、×2年度（×2年４月１日～×3年３月31日）の損益計算書に計上される社債償還損益の金額として、最も適切なものの番号を一つ選びなさい。千円未満の端数は四捨五入すること。

〔資料〕

1．当社は、×1年４月１日に額面総額50,000千円の普通社債を、100円につき86.14円で発行した。償還期限は×5年３月31日、約定利子率は年２％、利払日は毎年３月31日である。また、実効利子率は、年６％である。

2．×2年８月31日に、１．の社債の30％を100円につき91.24円の利付相場で買入償還した。

3．当社は、社債の貸借対照表価額の算定について、原則的な方法を採用している。また、利息については、すべて月割計算を行っている。

4．上記の取引以外に、社債の買入償還は行われなかった。

①　**償還損765千円**	②　**償還損290千円**	③　**償還損165千円**
④　**償還損 80千円**	⑤　**償還益 45千円**	⑥　**償還益339千円**

26 社　債（その2）

次の〔資料〕に基づいて、×3年度（×3年4月1日～×4年3月31日）の社債利息の金額として最も適切な番号を一つ選びなさい。なお、千円未満の端数は四捨五入すること。

〔資料〕

1．×1年4月1日に額面総額1,000,000千円の社債を@100円につき@95.3円で発行した。

2．社債の発行条件は次のとおりである。

① 期間：6年

ただし、×3年3月31日以降、毎年度末に200,000千円ずつ5回にわたり抽選により償還する。

② 約定利子率：年2.5%

③ 利払日：毎年3月31日

3．償却原価法については利息法によること。

4．実効利子率は年3.8%である。

① **20,000千円**　② **21,784千円**　③ **25,000千円**　④ **29,482千円**
⑤ **36,640千円**　⑥ **37,082千円**

27 新株予約権

以下の〔**資料**〕を参考にして、当期末の貸借対照表における資本剰余金の合計金額として正しいものを一つ選びなさい。

〔**資料**〕

1．A社は、新株予約権証券を総額で200,000千円分発行し、払込金を当座預金に預け入れた。なお、新株予約権の行使価額の総額は、1,600,000千円である。
2．当期中に、上記新株予約権のうち20％が権利行使され、新株を発行した。なお、資本金に組入れる額は会社法規定の最低限度額とする。
3．当期中に、上記新株予約権のうち30％が権利行使され、新株を発行する代わりに当社保有の自己株式を処分した。なお、処分した自己株式の帳簿価額は500,000千円であった。
4．A社の当期首の資本剰余金の金額は、資本準備金が100,000千円であった。

① 280,000千円　② 300,000千円　③ 320,000千円
④ 340,000千円　⑤ 360,000千円

28 ストック・オプション（その１）

当社は×14年６月の株主総会において、取締役15名に対して〔**資料**〕の条件でストック・オプション（新株予約権）を付与することを決議し、同年７月１日に付与した。なお、当社の会計期間は３月31日を決算日とする１年間である。

〔資料〕

1．当社が取締役１人あたりに付与したストック・オプションの数は200個（合計3,000個）及びその行使によって与えられる株式数は１個あたり10株（合計30,000株、行使時の払込金額は１株あたり15,000円）である。なお、ストック・オプションの一部行使はできず、他人に譲渡できないものとする。

2．当該ストック・オプションの権利確定日は×16年６月末日であり、行使期間はその翌日から２年間である。なお、付与日におけるストック・オプションの公正な評価額は12,000円／個である。

3．付与時点では×18年６月末までのストック・オプションに関しては退職による失効がないと想定している。また、新株予約権が行使されたとき、新株を発行する場合には権利行使に伴う払込金額及び行使された新株予約権の金額の合計額を資本金に計上する。

4．×16年３月31日の時点で当該取締役が２名退職することが判明し、ストック・オプションが失効することが確定した。その後、×18年３月期において当社の株価が順調に上昇したので、権利を保有する取締役全員が権利行使した。

さて、以下は各年度末に行われた仕訳（単位：千円）である。仕訳の空欄について正しい組合せの番号を一つ選びなさい。

×15年３月31日　人件費の計上

（借）株式報酬費用　？　（貸）新株予約権　？

×16年３月31日　人件費の計上

（借）株式報酬費用　①　（貸）新株予約権　？

x17年3月31日　人件費の計上

（借）株式報酬費用	？	（貸）新株予約権	？

x18年3月期の権利行使

（借）現金預金	？	（貸）資本金	②
新株予約権	？		

	①	②
①	0千円	421,200千円
②	13,800千円	481,200千円
③	13,800千円	421,200千円
④	27,300千円	481,200千円
⑤	27,300千円	421,200千円

29 ストック・オプション（その2）

当社のストック・オプションに関する以下の資料を参照して、当期（×6年3月31日を決算日とする1年間）の株式報酬費用として正しい金額の番号を一つ選びなさい。

〔資料〕

1．付与日：×4年7月1日
2．ストック・オプションを付与する従業員の人数：取締役10名、従業員10名
3．ストック・オプション数：取締役1名当たり20個、従業員1名当たり10個
4．ストック・オプションの行使により与えられる株式数：1個あたり1株
5．ストック・オプション行使時の払込額：1株当たり150千円
6．権利確定日：×7年6月30日
7．ストック・オプションの権利行使期間：権利確定日の翌日より2年間
8．付与日におけるストック・オプションの公正な評価単価：24千円／個
9．付与されたストック・オプションは他者に譲渡できない。
10．ストック・オプションの権利付与後、当社の株価は大きく下落して一度も行使価格を上回らず、インセンティブ効果が大幅に失われたと考えられるため、×5年6月の株主総会において、行使時の払込金額を1株当たり130千円とする行使条件の一部変更を行った。
11．条件変更日（×5年7月1日）におけるストック・オプションの公正な評価単価は、30千円／個である。
12．ストック・オプションの付与時点において、従業員2名の退職を見込んでいる。なお、当期の9月30日付けで1名の従業員が退職しているが、当期末までに退職見込人数は変更していない。

① 2,870千円　② 3,120千円　③ 3,370千円　④ 3,620千円
⑤ 3,870千円

30 ストック・オプション（その3）

次の〔資料〕に基づいて、当社の×4年3月期（×3年4月1日〜×4年3月31日）の株式報酬費用の金額として、最も適切なものの番号を一つ選びなさい。

〔資料〕

1．当社は、×1年6月の株主総会において、取締役12名および幹部従業員50名に対して、以下の条件のストック・オプションを付与することを決議し、同年7月1日に付与した。なお、付与日におけるストック・オプションの公正な評価単価は350円である。

① 新株予約権の数：取締役1名当たり80個、幹部従業員1名当たり40個

② 新株予約権の行使により与えられる株式の数：合計2,960株

③ 新株予約権の行使時の払込金額：1株当たり2,000円

④ 権利確定条件

以下の条件をともに達成する必要がある。権利が確定した場合、権利行使期間末日まで無条件に行使可能である。なお、ストック・オプションの付与時点において、業績条件の達成見込みは×4年3月期である。

・勤務条件：×1年7月1日から×4年6月30日まで在籍すること。

・業績条件：行使する会計期間の直前会計期間の利益が×1年3月期の利益に比して125％以上である場合のみ新株予約権の行使が認められる。

2．×3年3月期において、業績条件の達成可能性がないと見込まれた。

3．権利確定条件の達成の可能性はないと見込まれたため、当該ストック・オプションのインセンティブ効果が失われたと考えられた。そこで、取締役および幹部従業員のインセンティブを高めるために、×3年6月の株主総会において権利確定条件を以下のとおり変更した（条件変更日：×3年7月1日、条件変更日におけるストック・オプションの公正な評価単価：350円）。条件変更後の業績条件の達成見込みは×4年3月期である。

・勤務条件：x1年7月1日からx4年6月30日まで在籍すること。（変更なし）

・業績条件：行使する会計期間の直前会計期間の利益がx1年3月期の利益に比して110％以上である場合のみ新株予約権の行使が認められる。

4．退職および退職による失効見込みについては考慮しないものとする。

①	345,333円	②	518,000円	③	690,667円
④	777,000円	⑤	828,800円	⑥	1,036,000円

31 ストック・オプション（その4）

以下の〔資料〕に基づいて、×2年度（×2年４月１日～×3年３月31日）の貸借対照表に計上される新株予約権の金額として、正しい金額の番号を一つ選びなさい。なお、千円未満の端数が生じる場合は、千円未満を四捨五入すること。

〔資料〕

1．当社は×1年６月の株主総会において、役員および幹部従業員100名に対して以下の条件の新株予約権を付与することを決議し、同年７月１日に付与した。

・新株予約権の数：１名につき７個（合計700個）

・新株予約権の行使により与えられる株式：合計700株

・新株予約権の行使時の払込金額：１株につき750千円

・権利確定のためには、次の条件をいずれか達成する必要がある。いったん権利確定した場合、権利行使期間末日（×5年３月末日）まで無条件に行使可能である。

①株価条件：×1年７月以降、株価が1,000千円を超えた段階で権利確定する。株価が1,000千円を超える時期を、合理的に予測することは困難であるため、そのような予測は行わない。

②業績条件：行使する会計期間の直前会計期間の利益が×1年３月期の利益に比して120％以上である場合のみ新株予約権の行使が各会計年度の７月１日以降認められる。業績条件を達成できると見込まれるのは、×2年度である。

2．付与日における新株予約権の公正な評価単価は60千円である。

3．従業員の退職による失効見込みはゼロとする。また、各会計期間とも退職による失効は生じていない。

4．×2年度において見込どおり、業績条件を達成した。

① 15,273千円　② 18,000千円　③ 18,375千円　④ 24,000千円
⑤ 26,727千円　⑥ 42,000千円

32 新株予約権付社債

以下の〔資料〕を参考にして、×3年３月末の(1)社債勘定の残高、(2)資本準備金の残高、の組み合わせとして正しいものを一つ選びなさい。

〔資料〕

1．B社は、以下の条件で新株予約権付社債を発行した。なお、社債は払込額をもって計上し、額面金額との差額は償却原価法（定額法）を適用する。

発　行　日：×1年４月１日
額　面　総　額：1,000,000千円
　うち、社債の発行総額：　950,000千円
　　新株予約権の発行総額：　50,000千円
償　還　期　限：５年
代用払込の可否：不可
行　使　価　額：１株あたり80千円

2．×2年４月１日に、上記の新株予約権付社債のうち額面総額300,000千円分(30%分）が権利行使され、新株を3,750株発行した。なお、資本金に組入れる額は会社法規定の最低限度額とする。なお、これ以外に新株予約権の権利行使はなされていない。

3．×2年３月末の資本準備金の金額は100,000千円であった。

	(1)	(2)
①	979,000千円	257,500千円
②	970,000千円	257,500千円
③	960,000千円	257,500千円
④	970,000千円	265,000千円
⑤	979,000千円	265,000千円

第7章 引当金

問題編

33 貸倒引当金（その1）

当社は、一般債権である売掛金（平均回収期間：４ヶ月）に対して、過去３年間の貸倒実績率の平均値を元に貸倒引当金を設定している。以下の**〔資料〕**から当期（第７期）末における貸倒引当金設定額を求めなさい。

〔資料〕

（単位：円）

	第４期	第５期	第６期	第７期
売掛金期末残高	6,280,000	7,515,000	6,731,000	7,098,000
貸倒実績額	119,320	113,040	172,845	148,082

① **149,058円**　② **141,158円**　③ **141,322円**　④ **141,708円**
⑤ **156,156円**

34 貸倒引当金（その2）

次の〔資料〕に基づき、×1年度（×1年4月1日～×2年3月31日）の貸借対照表に計上される貸倒引当金の合計額として、正しい金額の番号を一つ選びなさい。なお、千円未満の端数は四捨五入すること。

〔資料〕

1．当社の取引先であるA社、B社、C社、D社の当期末における財政状態及び経営成績等は以下のとおりであった。

A社	経営状態に重大な問題は生じていない。
B社	経営状態に重大な問題は生じていない。
C社	経営破綻の状態には至っていないが、債務の弁済に重大な問題が生じている。
D社	経営破綻に陥っている。

2．当期末における各社に対する債権の内容は以下のとおりである。各社の財政状態及び経営成績等に応じて、一般債権、貸倒懸念債権、破産更生債権等に分類することとする。

	売 掛 金	長期貸付金
A社	7,000千円	——
B社	12,000千円	80,000千円
C社	——	100,000千円
D社	——	25,000千円

（注1） A社に対する買掛金が8,000千円ある。
（注2） D社の保証人より4,000千円が回収できる見込みである。

3．一般債権に分類される債権に対しては、期末残高に対して5％の貸倒引当金を設定する。

4．同一の取引先に対して債務がある場合には相殺できるものとする。

5．C社に対する長期貸付金について、当期末における利息回収後に、C社からの条件緩和の申し出を受け、次のように合意した。キャッシュ・フロー見積法に基づいて貸倒見積高を算定する。

	当初の約定	条件緩和後
利　率	年５％	年２％
利払日	毎年３月末	毎年３月末
返済日	x4年３月末	x5年３月末

① 16,770千円　② 31,178千円　③ 33,170千円
④ 33,720千円　⑤ 33,770千円　⑥ 34,252千円

35 貸倒引当金（その３）

以下の〔資料〕に基づいて、当期（×5年度）における貸倒見積高を算定した場合に正しい金額の組合せとなる番号を一つ選びなさい。

① 合計残高ごとの貸倒実績率の平均値による方法（注）

（注） 基準年度の債権に関連のない貸倒損失額を除外して計算する。

② 発生年度ごとの貸倒実績率の平均値による方法

〔資料〕

1．当社は、一般債権である貸付金（平均回収期間：３年）に対して、過去３年間の貸倒実績率の平均値をもとに貸倒引当金を設定している。

2．貸付金に関する債権の発生及び貸倒れに関する詳細は、次の表のとおりである（単位：千円）。

	×0年度	×1年度	×2年度	×3年度	×4年度	×5年度	当初元本損失合計
元本期末残高	7,500	5,000	1,500	0			7,500
貸倒損失	——	15	25	35			75
元本期末残高		6,000	2,500	1,200	0		6,000
貸倒損失		——	12	36	24		72
元本期末残高			10,000	7,000	3,000	0	10,000
貸倒損失			——	20	35	25	80
元本期末残高				8,000	5,600	1,600	8,000
貸倒損失				——	20	44	64
元本期末残高					5,000	3,400	5,000
貸倒損失					——	15	15
元本期末残高						11,000	11,000
貸倒損失						——	——
合計元本期末残高	7,500	11,000	14,000	16,200	13,600	16,000	——
合計貸倒損失	——	15	37	91	79	84	——

3．貸倒実績率の算定に際して端数が生じる場合、パーセント表示による小数点以下第3位を四捨五入すること。また、金額の計算にあたって端数が生じた場合には、千円未満の端数を四捨五入すること。

	①	②
①	176千円	161千円
②	184千円	161千円
③	184千円	181千円
④	192千円	181千円
⑤	192千円	240千円
⑥	200千円	240千円

36 賞与引当金・債務保証損失引当金

当社は、毎期の決算において引当金を設定している。以下の〔**資料**〕に基づいて、当期（x2年４月１日からx3年３月31日までの１年間）の貸借対照表の負債の部に表示する引当金の合計額として、最も適切な金額の番号を一つ選びなさい。

〔**資料**〕

1．従業員賞与に関する事項

(1) 当社は、従業員に対して年２回賞与を支給している。それぞれの計算対象期間および支給日は次のとおりである。

	計算対象期間	支給日
夏季賞与	12月１日～５月31日	６月10日
冬季賞与	６月１日～11月30日	12月10日

(2) 賞与支給額は次のとおりである。毎期の費用負担額は月割額に基づいて計算する。

x2年６月10日支給分	30,000千円
x2年12月10日支給分	36,000千円
x3年６月10日支給分	37,500千円（見込額）

2．役員賞与に関する事項

(1) 当社は、毎年６月の株主総会の決議に基づき、７月10日に役員賞与を支給している。

(2) 賞与支給額は次のとおりである。

x2年７月10日支給分	60,000千円
x3年７月10日支給分	72,000千円（見込額）

3．債務保証に関する事項

(1) 当社は、取引先Ｘ社の借入金50,000千円（返済期日はx3年５月31日）の連帯保証人になっている。

⑵　当期において、X社の財政状態が一気に悪化したため、当社は債務保証損失の発生に備えて引当金を設定することにした。

⑶　X社に代わって支払いを行った場合に取得する求償権50,000千円のうち、回収できる金額は、債務保証契約の際に担保として預かった有価証券の売却額になる見込みである。当該有価証券の期末時価は10,000千円である。

①　124,500千円　②　137,000千円　③　142,250千円
④　149,500千円　⑤　171,000千円　⑥　173,000千円

37 退職給付会計（その１）

次の〔資料〕に基づいて、当社の×6年３月期（会計期間は４月１日から始まる１年間、以下当期とする）の個別財務諸表における退職給付費用の金額及び退職給付引当金の金額の組合せとして正しい番号を一つ選びなさい。なお、金額に端数が生じた場合には、百万円未満を四捨五入すること。

〔資料〕

1．当社は従業員非拠出の確定給付企業年金制度を採用している。

2．×5年３月期における金額

退職給付債務：　2,800百万円　年金資産：　2,000百万円

未認識数理計算上の差異：　300百万円（注）

（注）当該差異は、×4年３月期に用いた割引率に比べ重要な変動が生じたため、×5年３月期に割引率の引下げを行ったことにより発生したものである。

3．当期の数理計算に用いる割引率は4.5%、長期期待運用収益率は3.5%とする。

4．当期の勤務費用は500百万円である。

5．当期の年金基金への拠出額は600百万円であり、年金基金からの年金支払額は400百万円である。

6．当期における年金資産の実際運用収益率は5.75%であったため、数理計算上の差異が発生した。

7．当期首に退職給付水準の引上げがあり、これに伴い過去勤務費用が250百万円発生している。なお、当該給付水準の引上げは利息費用の計算に反映させないものとする。

8．過去勤務費用は、10年間にわたり定額法にて費用処理する。また数理計算上の差異は、発生の翌期から15年にわたり定額法にて費用処理する。

	退職給付費用	退職給付引当金
①	561百万円	1,061百万円
②	598百万円	456百万円
③	598百万円	498百万円
④	601百万円	456百万円
⑤	601百万円	501百万円

38 退職給付会計（その2）

当期（×8年3月31日を決算日とする1年間）の従業員Aに対する退職給付費用の金額として、正しい選択肢を一つ選びなさい。

〔資料〕 従業員Aに対する退職給付

1．従業員Aは、×9年3月31日に退職予定である。

2．従業員Aの入社は、×4年4月1日である。

3．従業員Aの退職給付見込額は308,700円である。

4．当期に退職金規定の改定があり、退職時に支給される金額が25％減少することになった。

5．割引率は年5％であり、期間定額基準に基づき退職給付債務を算定している。

6．過去勤務費用は10年間で償却すること。

① 8,400円　② 50,400円　③ 58,800円　④ 61,320円

⑤ 67,200円

第8章 資本

問題編

39 分配可能額

以下の資料に基づき、×9年９月30日時点の分配可能額として正しい金額を一つ選びなさい。当期の会計期間は×9年４月１日からの１年間である。

〔資料１〕 ×9年３月31日時点の貸借対照表

貸借対照表　(単位：千円)

諸資産	150,000	諸負債	110,000
		資本金	25,000
		資本準備金	2,500
		その他資本剰余金	1,800
		利益準備金	1,500
		その他利益剰余金	11,050
		自己株式	△2,250
		その他有価証券評価差額金	400
合計	150,000	合計	150,000

〔資料２〕 期中取引等

１．４月20日に自己株式1,500千円を取得した。

２．６月24日に開催された株主総会により、以下の決議が行われた。

(1) 剰余金の配当　利益準備金　100千円　配当金　1,000千円
(2) 資本準備金の取崩　600千円
(3) 利益準備金の取崩　250千円

3．7月10日に自己株式750千円を900千円で処分した。

4．7月15日に自己株式300千円をその他資本剰余金を財源とし消却した。

5．当期首から×9年9月30日までにおける利益は4,100千円である。

6．臨時計算書類の作成及びその承認は行われていない。

7．債権者保護手続きは遅滞なく行われている。

①　6,600千円　②　8,850千円　③　8,950千円　④　12,950千円
⑤　13,350千円

40 純資産

次の〔資料〕に基づいて、当期末（×2年３月31日）における資本剰余金合計と利益剰余金合計の金額として、正しい組合せの番号を一つ選びなさい。

〔資料Ⅰ〕 期首（×1年４月１日）における株主資本の勘定残高

資本金	200,000千円
資本準備金	45,000千円
その他資本剰余金	24,000千円
利益準備金	15,000千円
別途積立金	30,000千円
繰越利益剰余金	70,000千円

〔資料Ⅱ〕 純資産に関する期中の取引等

1．×1年５月に、自己株式800株を１株当たり65,000円で取得し、取得に要した付随費用4,000千円とともに小切手を振り出した。

2．×1年６月に、株主総会の決議により債権者保護手続を経て、資本準備金4,500千円と利益準備金1,500千円を取り崩した。

3．×1年８月に、自己株式400株を消却した。

4．新株予約権の状況は次のとおりであった。なお、増加すべき払込資本のうち、会社法規定の最低限度額を資本金として計上する。

⑴ ×1年10月に、新株予約権を発行した。この新株予約権の払込金額の総額は4,000千円であり、行使価額の総額は50,000千円である。

⑵ ×1年11月に、上記⑴の新株予約権のうち50％が権利行使され、新株が発行された。

⑶ ×1年12月に、上記⑴の新株予約権のうち30％が権利行使され、新株の発行に代えて自己株式300株を処分した。

5．当期の決算にあたり、圧縮積立金10,500千円を積み立てた。

6．当期の損益計算書に計上された当期純利益は42,000千円であった。

	資本剰余金合計	利益剰余金合計
①	0千円	102,200千円
②	49,500千円	142,700千円
③	49,700千円	152,700千円
④	53,200千円	157,000千円
⑤	54,000千円	156,200千円
⑥	58,500千円	145,700千円

41 株主資本等変動計算書

以下の資料は、当社（個別財務諸表）の純資産項目の変動に係る資料である。下記資料を参照し、当期の株主資本等変動計算書を作成した場合の繰越利益剰余金の当期末残高として正しいものを一つ選びなさい。

〔資料1〕 当期の株主資本等変動計算書

（単位：千円）

	株主資本							
	資本金	資本剰余金		利益剰余金				株主資本合計
		資本準備金	その他資本剰余金	利益準備金	その他利益剰余金			
					圧縮積立金	新築積立金	繰越利益剰余金	
当期首残高	750,000	32,000	4,800	44,000	0	10,000	154,000	994,800
当期変動額								
新株の発行	（　）	（　）						（　）
剰余金の配当		（　）	（　）	（　）			（　）	（　）
当期純利益							（　）	（　）
圧縮積立金の積立					（　）		（　）	（　）
新築積立金の取崩						（　）	（　）	（　）
当期変動額合計	（　）	（　）	（　）	（　）	（　）	（　）	（　）	（　）
当期末残高	（　）	（　）	（　）	（　）	（　）	（　）	（　）	（　）

〔資料2〕 当期の純資産項目の変動

1．当期中に、適法な手続きを経て、3,000千円を配当している。なお、配当原資は、資本剰余金の割合が40%、利益剰余金の割合が60%である。資本準備金及び利益準備金の積立は、会社法および会社計算規則規定に従うこと。

2．当社は、当期中に時価発行増資を行なっており、10,000千円の金銭払込をうけ、会社法規定の最低限度額を資本金としている。また、当該増資は剰余金の配当後に行なわれている。

3．損益計算書上の当期純利益は25,000千円であった（法人税等を控除し、税効果会計を適用した後の金額）。

4．当期中に1,500千円の国庫補助金を受領しており、当期中に取得した土地について、国庫補助金と同額の圧縮記帳を行なうこととした（積立金方式により処理する）。実効税率40％にて、税効果会計を適用すること。

5．当期中に、6,000千円の建物を取得しており、取得原価と同額の新築積立金を取り崩している。

① 187,120千円　② 182,000千円　③ 182,120千円
④ 181,220千円　⑤ 181,520千円

第9章 商品売買

問題編

42 商品売買（その1）

次の〔**資料Ⅰ**〕に基づいて、〔**資料Ⅱ**〕に示す当期の決算整理前残高試算表および決算整理後残高試算表の空欄Ａ～Ｄにあてはまる金額の合計として、最も適切な番号を一つ選びなさい。

〔**資料Ⅰ**〕

1．甲商品に関する事項

(1) 甲商品の売買の記帳方法として、総記法を適用している。

(2) 当期における甲商品の売買状況は次のとおりであり、移動平均法により払出単価を計算している。

		数量	仕入単価	販売単価
4月1日	前期繰越	1,800個	650円	—
8月11日	仕　　入	1,400個	730円	—
12月25日	売　　上	2,700個	—	840円

2．乙商品に関する事項

(1) 乙商品の売買の記帳方法として、分記法を適用している。

(2) 当期における乙商品の売買状況は次のとおりであり、先入先出法により払出単価を計算している。

		数量	仕入単価	販売単価
4月1日	前期繰越	600個	1,250円	—
9月18日	仕　入	400個	1,400円	—
1月25日	売　上	850個	—	1,500円

〔資料Ⅱ〕

1．決算整理前残高試算表（一部）

X年3月31日　(単位：円)

乙商品	(　　)	甲商品	(A)
		乙商品販売益	(B)

2．決算整理後残高試算表（一部）

X年3月31日　(単位：円)

甲商品	(　　)	甲商品販売益	(C)
乙商品	(D)	乙商品販売益	(　　)

① 875,000円　② 875,900円　③ 879,500円

④ 1,146,000円　⑤ 1,164,000円　⑥ 1,222,000円

43 商品売買（その2）

次の〔資料〕を参照して、下記の記述のうち、正しいものはいくつあるか答えなさい。なお、棚卸減耗等は一切なかった。

〔資料1〕 当期の損益計算書（売上総利益まで）

損益計算書　　（単位：千円）

Ⅰ．売上高		
1．A商品売上高	22,000	
2．B商品売上高	15,200	37,200
Ⅱ．売上原価		
1．期首商品棚卸高	6,000	
2．当期商品仕入高	29,700	
合　　計	35,700	
3．見本品費振替高	300 ※	
4．期末商品棚卸高	5,710	29,690
売上総利益		7,510

※すべてB商品である。

〔資料2〕 A商品について（三分割法）

1．期首に以下の仕訳が行われている（単位：千円）。

（仕入諸掛費）200　　（繰延仕入諸掛費）200

なお、決算整理前残高試算表における仕入諸掛費の金額は1,400千円である。

2．商品の払出原価は先入先出法によって算定している。仕入諸掛費の配分についても同様に計算すること。

3．売価に対する原価（仕入諸掛費を含まない）の割合は0.75である。

〔資料3〕 B商品について（分記法）

1．期首商品棚卸高　2,500千円

2．当期商品仕入高　12,500千円

a．決算整理前残高試算表における仕入勘定の金額は17,200千円である。

b．決算整理前残高試算表における商品販売益勘定の金額は3,200千円である。

c．決算整理前残高試算表における仕入勘定の金額は16,500千円である。

d．決算整理前残高試算表における繰越商品勘定の金額は3,500千円である。

e．当期の貸借対照表における商品勘定の金額は5,500千円である。

①　**0個**　　②　**1個**　　③　**2個**　　④　**3個**　　⑤　**4個**

44 売上原価（期末棚卸高）の算定

下記のａ～ｄの各方法に従って４月分の売上原価を計算した場合、正しい組合せを選択しなさい。

月初棚卸高	：	20個	@400円
４月２日　仕入	：	10個	@415円
４月５日　売上	：	15個	
４月10日　仕入	：	10個	@425円
４月20日　仕入	：	10個	@455円
４月25日　売上	：	13個	

なお、売価は@500円で毎期一定である。

ａ．先入先出法

ｂ．移動平均法

ｃ．総平均法

ｄ．売価還元法

	a	b	c	d
①	11,310円	11,732円	11,600円	10,940円
②	11,320円	11,600円	11,732円	11,732円
③	11,310円	11,732円	11,600円	11,760円
④	11,320円	11,600円	11,732円	解答不能
⑤	11,320円	11,732円	11,600円	11,732円

45 売価還元平均原価法

当社は期末商品の評価について売価還元平均原価法を採用している。よって、以下の〔資料〕により損益計算書上の売上総利益の金額を選択しなさい。

〔資料〕　　　　　　　　　　　　　　　　　　　　　　　　　（単位：円）

	売　価	原　価
前期繰越	82,000	52,400
総仕入高	306,800	200,205
仕入戻し	27,000	17,500
値上高	800	−
値上取消高	500	−
値下高	600	−
値下取消高	200	−
総売上高	316,200	−
売上戻り	7,500	−
売上値引高	800	−
売上割引高	1,200	−
期末実地棚卸高	50,900	−

なお、棚卸減耗費は売上原価の内訳科目として処理する。

① **107,245円**　② **114,180円**　③ **104,680円**　④ **105,880円**
⑤ **108,045円**

46 仕入諸掛り、売上原価の増減項目

以下の〔資料〕により、損益計算書上の当期商品仕入高及び売上総利益の金額について正しい組み合わせを選択しなさい。

〔資料1〕 決算整理前残高試算表（一部）

残高試算表 （単位：円）

繰越商品	1,500	売上	16,560
繰延仕入諸掛費	150		
仕入	11,800		
仕入諸掛費	930		
見本品費	200		

〔資料2〕 決算整理事項等

(1) 期末商品棚卸高　2,000円（諸掛りを除く）

(2) 期中において商品を見本品として払出しており、その際、下記の仕訳を行っている。当該金額に諸掛りは含まれていない。

（見本品費）200　（仕　入）200

(3) 仕入諸掛費の配分については、総平均法によって計算すること。なお、見本品として払出した商品についても考慮すること。

	当期商品仕入高	売上総利益
①	11,800円	5,260円
②	12,930円	4,356円
③	12,730円	4,140円
④	12,730円	4,356円
⑤	12,930円	4,140円

47 商品売買の記帳方法

次の〔資料〕に基づいて、売上総利益として正しい金額の番号を一つ選びなさい。

〔資料〕

1．当社は商品売買業を営んでおり、A商品、B商品、C商品、D商品およびE商品を取り扱っている。

2．商品売買の記帳方法として、A商品には総記法、B商品には分記法、C商品には三分法、D商品には売上原価対立法、E商品には小売棚卸法を適用している。なお、小売棚卸法とは、仕入時に商品販売益を計上するとともに売価で商品勘定に借方記入した上で、期末において未販売の商品に係る商品販売益を繰り延べる方法である。

3．決算整理前残高試算表（一部）は以下のとおりである。

決算整理前残高試算表（一部）　（単位：千円）

B　商　品	?	A　商　品	1,000
C 繰越商品	5,000	B 商品販売益	4,500
D　商　品	?	C 商品売上	?
E　商　品	3,360	D 商品売上	5,700
C 商品仕入	7,500	E 商品販売益	2,400
D商品売上原価	5,000	E商品繰延販売益	240

4．A商品およびC商品の期末棚卸高（原価ベース）は、それぞれ2,000千円及び4,000千円である。なお、C商品の売上総利益率は15%である。

5．E商品は以前から継続して仕入原価に12%の利益を加算した金額を売価としている。期末の未販売商品に係る販売益を繰延べる処理は、決算整理にて行っている。

① 11,980千円　② 12,000千円　③ 12,100千円
④ 12,150千円　⑤ 12,200千円　⑥ 12,220千円

第10章 収益認識

問題編

48 収益認識（その１）

「収益認識に関する会計基準」に従い、次の〔**資料**〕に基づいて、製品Ａ、Ｂ、Ｃのそれぞれの履行義務に配分される取引価格の金額として、最も適切な組合せの番号を一つ選びなさい。千円未満の端数は四捨五入すること。

〔**資料**〕

1．当社は、製品Ａ、ＢおよびＣを31,680千円で販売する契約を顧客と締結した。

2．当社は、通常、製品Ａ、ＢおよびＣを独立して販売しており、次の独立販売価格を設定している。

製品	独立販売価格
製品Ａ	9,000千円
製品Ｂ	16,200千円
製品Ｃ	10,800千円
合計	36,000千円

3．また、当社は、通常、製品ＢとＣを組み合わせて22,680千円で販売している。

4．当社は、それぞれの製品に係る履行義務を異なる時点で充足する。

①	製品Ａ：　7,920千円　　製品Ｂ：16,200千円
②	製品Ａ：　9,000千円　　製品Ｂ：13,608千円
③	製品Ａ：　7,920千円　　製品Ｃ：　9,072千円
④	製品Ａ：　9,000千円　　製品Ｃ：10,800千円
⑤	製品Ｂ：　7,560千円　　製品Ｃ：　7,560千円
⑥	製品Ｂ：14,256千円　　製品Ｃ：　8,424千円

49 収益認識（その2）

次の〔資料〕に基づき、A社が×2年度において計上すべき売上高の金額として、最も適切なものの番号を一つ選びなさい。

〔資料〕

1．A社は、×1年度に、製品Xを1個当たり8,000円で販売する契約を、顧客であるB社と締結した。同契約の対価は変動性があり、B社が×3年度までに製品Xを3,000個以上購入する場合には、1個当たりの価格を遡及的に7,200円に減額すると定めている。

2．×1年度に、A社は、製品XをB社に400個販売した。×1年度の期末時点でA社は、B社への販売累計数の見積りは3,000個を超えないと判断している。また、A社は、製品XとB社の購入実績に関して豊富な実績を持っており、×3年度の数量確定により、単価8,000円で算定する×1年度の収益の著しい減額が発生しない可能性が高いと判断した。

3．×2年度にB社は他の企業を買収した。×2年度におけるA社のB社への販売実績は、1,600個であった。A社は、新たな事実を考慮し、B社への販売累計数は、3,000個以上になると見積り、1個当たりの単価を7,200円に遡及的に減額することが必要になると判断した。

① 9,600,000円　② 11,200,000円　③ 11,520,000円
④ 12,800,000円　⑤ 14,400,000円　⑥ 16,000,000円

50 収益認識（その３）

次の〔**資料Ⅰ**〕に基づいて、〔**資料Ⅱ**〕に示した〈ケース１〉と〈ケース２〉のそれぞれの場合に、企業会計基準第29号「収益認識に関する会計基準」に従い、商品Ｂに配分される取引価格として、最も適切な金額の組合せの番号を一つ選びなさい。なお、資料から判明しない事項については考慮しないこと。

〔**資料Ⅰ**〕 顧客との契約

1．当社は、×1年12月１日に、２つの別個の商品Ａおよび商品Ｂを販売する契約を顧客と締結した。当社は、商品Ａを×1年12月１日に、商品Ｂを×2年６月30日に顧客に引き渡す。また、契約の価格は3,500千円であり、商品Ａおよび商品Ｂの独立販売価格はいずれも同額である。

2．当社と顧客は、×2年１月１日に契約の範囲を拡大した。まだ顧客に引き渡されていない商品Ｂに加えて、商品Ｃを×2年７月31日に顧客に引き渡す約束を追加するとともに、契約の価格を1,300千円増額した。

3．契約変更により追加された商品Ｃは別個のものである。

〔**資料Ⅱ**〕 商品Ｃの独立販売価格

〈ケース１〉 商品Ｃの独立販売価格は1,300千円である。

〈ケース２〉 商品Ｃの独立販売価格は1,300千円ではなく、商品Ａおよび商品Ｂの独立販売価格と同額である。

	〈ケース１〉	〈ケース２〉
①	1,600千円	1,525千円
②	1,600千円	1,600千円
③	1,600千円	1,750千円
④	1,750千円	1,525千円
⑤	1,750千円	1,600千円
⑥	1,750千円	1,750千円

第11章

帳簿組織

問題編

51 総　　論

特殊仕訳帳制における次の記述のうち、正しいものの数を選択しなさい。

a．特殊仕訳帳は、単一仕訳帳制における補助記入帳を仕訳帳として利用するものである。

b．チェック・マーク（✓印）を付すことは、そこからの個別転記を行わないという意味である。

c．チェック・マークを付すことにより、二重転記を回避することはできるが、二重仕訳を回避することはできない。

d．チェック・マークは単一仕訳帳制において使用されることはない。

e．特殊仕訳帳として当座預金出納帳が設定されている場合、期中取引に係る当座預金勘定への転記は、必ず合計転記によって行われる。

f．特殊仕訳帳として当座預金出納帳が設定されている場合、その出納取引が普通仕訳帳に記帳されることはない。

g．特殊仕訳帳における特別欄からは、必ず総勘定元帳へ合計転記される。

h．二重仕訳金額削除の手続は、転記の正確性を検証するために行われる。

i．精算勘定を利用することによって二重仕訳金額削除の手続が不要となる。

①　2個　　②　3個　　③　4個　　④　5個　　⑤　6個

52 二重仕訳削除金額

以下の〔資料〕に基づいて、当月において二重仕訳となっているため削除すべき金額として最も適切なものの番号を一つ選びなさい。

〔資料Ⅰ〕 留意事項

1．当社は普通仕訳帳のほかに、特殊仕訳帳として、当座預金出納帳、売上帳および仕入帳を用いている。

2．特殊仕訳帳から総勘定元帳への転記は、月末に普通仕訳帳の合計仕訳を通じて合計転記を行う方法による。

3．一部当座取引の記帳は、普通仕訳帳に取引の全体を記入したうえで、さらに関連する特殊仕訳帳に記入する方法による。

〔資料Ⅱ〕 当月の取引

(1) A社に商品4,780千円を売り上げ、代金は掛けとした。

(2) B社より商品2,630千円を仕入れ、小切手を振り出して支払った。

(3) C社より売掛金3,910千円を回収し、当座預金に預け入れた。

(4) D社より商品3,440千円を仕入れ、代金は掛けとした。

(5) E社に買掛金1,560千円を支払うため小切手を振り出した。

(6) F社より受取った約束手形2,000千円を銀行にて割引きに付し、割引料120千円を差し引かれた手取額を当座預金に預け入れた。

(7) G社に買掛金970千円を支払うためH社宛ての為替手形を振り出し、同社の引受けを得た。

(8) I社に商品2,460千円を売り上げ、代金は当座預金に預け入れた。

(9) J社に買掛金3,320千円を支払うため約束手形を振り出した。

(10) 帳簿価額900千円の有価証券を1,000千円で売却し、代金は当座預金に預け入れた。

(11) K社に商品2,500千円を売り上げ、約束手形を受取った。

① 5,090千円　② 6,970千円　③ 7,590千円　④ 7,970千円
⑤ 9,470千円　⑥ 10,470千円

53 伝票会計

当社では、取引を５種類の伝票（入金伝票、出金伝票、仕入伝票、売上伝票、振替伝票）を用いて記入し、これを１日分ずつ集計して仕訳集計表を作成し、この仕訳集計表から総勘定元帳の各勘定に転記している。当社の６月10日に作成した仕訳集計表は**〔資料１〕**に示すとおりである。翌日、当社の経理部社員が６月10日に起票した伝票を整理していたところ、誤って６月11日に起票した伝票を何枚か混入してしまった。その状況は**〔資料２〕**に示すとおりであるが、この中に混入されている６月11日に起票した伝票の枚数として正しいものを一つ選びなさい。

〔資料１〕　６月10日の仕訳集計表

仕訳集計表

x年６月10日　　　　（単位：円）

借　方	元丁	勘定科目	元丁	貸　方
12,000		現　金		5,700
7,500		受取手形		?
20,000	省	売掛金	省	15,000
?		支払手形		3,500
11,000	略	買掛金	略	16,000
		売　上		?
?		仕　入		
?		保険料		
?				?

〔資料2〕 6月10日に起票した伝票（一部を除く）

入金伝票
売掛金 5,000

入金伝票
借入金 7,000

入金伝票
売掛金 2,500

入金伝票
受取手形 4,500

出金伝票
支払手形 2,000

出金伝票
買掛金 3,500

出金伝票
保険料 200

出金伝票
買掛金 5,500

仕入伝票
青森商店 6,000

仕入伝票
秋田商店 1,500

仕入伝票
岩手商店 3,500

仕入伝票
山形商店 5,000

売上伝票
山口商店 8,500

売上伝票
広島商店 2,500

売上伝票
島根商店 5,000

売上伝票
岡山商店 6,500

振替伝票
備品 1,800 未払金 1,800

振替伝票
受取手形 5,000 売掛金 5,000

振替伝票
買掛金 4,000 受取手形 4,000

振替伝票
買掛金 3,500 支払手形 3,500

振替伝票
買掛金 1,500 売掛金 1,500

振替伝票
受取手形 2,500 売掛金 2,500

① **2枚**　② **3枚**　③ **4枚**　④ **5枚**　⑤ **6枚**

第12章 本支店会計

問題編

54 本支店合算の純利益

次の〔資料〕により本支店を合算した場合の当期純利益を計算し、正しいものを選択しなさい。なお、本店から支店へ商品を送付する際、本店の仕入原価に対して20%の利益を加算している。

〔資料1〕 決算整理前残高試算表

残高試算表 (単位：円)

借方科目	本　店	支　店	貸方科目	本　店	支　店
現金預金	12,000	15,200	本　店	——	28,400
支　店	32,000	——	繰延内部利益	840	——
繰越商品	6,000	5,040	資本金	24,000	——
仕　入	40,000	3,000	売　上	51,160	18,840
本店仕入	——	22,800	支店売上	24,000	——
営業費	10,000	1,200			
計	100,000	47,240	計	100,000	47,240

〔資料2〕 決算整理事項

1．未達取引事項

(1) 支店から本店への送金高　2,000円

(2) 本店から支店への商品発送高　1,200円

(3) 本店で立替払いした支店負担の営業費　400円

2．期末商品棚卸高（未達取引事項を除く）

(1) 本　店　　8,000円

(2) 支　店　　14,000円（うち、本店仕入分12,240円）

① 26,160円　② 26,360円　③ 26,560円　④ 27,560円
⑤ 27,760円

55 外部公表用損益計算書の売上原価

以下の〔資料〕より、外部公表用損益計算書上の売上原価の金額を選択しなさい。

〔資料１〕 決算整理前残高試算表（一部）

残高試算表 （単位：千円）

借方科目	本　店	支　店	貸方科目	本　店	支　店
現　　　金	273,000	168,000	買　掛　金	800,000	400,000
売　掛　金	910,000	610,000	貸倒引当金	7,050	4,500
繰越商品	590,000	743,200	繰延内部利益	29,200	――
支　　　店	9,653,500	――	本　　　店	――	9,432,500
仕　　　入	7,920,000	5,813,000	売　　　上	7,960,000	11,873,160
本店仕入	――	各自推算	支店売上	2,850,000	――

〔資料２〕 未達取引事項（決算整理事項として扱う）

(1) 支店に送付した商品 各自推算 千円が支店に未達。

(2) 本店の売掛金3,000千円を支店で回収したが、本店に未達。

(3) 支店は本店に現金94,000千円を送金したが、本店に未達。

(4) 支店の買掛金4,000千円を本店で支払ったが、支店に未達。

〔資料３〕 決算整理事項

期末商品棚卸高（未達取引を除く）

本　店　　570,000千円

支　店　　472,500千円（うち、外部仕入分210,000千円）

〔資料４〕 その他の条件

本店が支店に商品を送付する際、仕入原価の25％増で行っている。

① **13,897,700千円**　② **13,946,200千円**　③ **13,988,200千円**

④ **14,047,000千円**　⑤ **16,747,700千円**

56 支店分散計算制度

当社は、本店のほかにA支店とB支店を有している。支店相互間の取引は支店分散計算制度を採用している。以下の〔資料Ⅰ〕～〔資料Ⅲ〕に基づいて、本支店合併損益計算書の売上総利益として、正しい金額の番号を一つ選びなさい。

〔資料Ⅰ〕 決算整理前残高試算表（一部）

（単位：千円）

勘定科目	本店	A支店	B支店	勘定科目	本店	A支店	B支店
繰越商品	550	640	330	繰延内部利益	80	——	——
A支店	300	——	——	本店	——	240	700
B支店	700	280	——	A支店	——	——	200
仕入	2,750	2,160	1,000	売上	2,860	2,015	1,920
本店より仕入	——	480	300	本店へ売上	——	630	——
A支店より仕入	630	——	600	A支店へ売上	540	——	——
				B支店へ売上	300	680	——

〔資料Ⅱ〕 本支店間および支店相互間の取引の概要

1．本店は商品Xを仕入れ、一部をA支店とB支店に送付して販売している。なお、本店は原価に20%の利益を加算してA支店およびB支店に送付している。

2．A支店は商品Yを仕入れ、一部を本店とB支店に送付して販売している。なお、A支店は原価に25%の利益を加算して本店およびB支店に送付している。

〔資料Ⅲ〕 決算整理事項等

1．当期に行われた本支店間および支店相互間の取引のうち、商品Xおよび商品Yに関して未達取引があるため、決算において未達事項を整理する。

2．期末商品帳簿棚卸高は次のとおりである。なお、未達分は含まない。

（単位：千円）

	本店	A支店	B支店
商品X	150	120	210
商品Y	150	250	120
その他の商品	200	250	150

① 910千円　② 1,000千円　③ 1,045千円
④ 1,050千円　⑤ 1,055千円　⑥ 1,076千円

第13章 製造業・本社工場会計

問題編

57 製造業

下記の〔資料〕により、損益計算書における売上総利益を計算し、正しいものを選択しなさい。

〔資料1〕 決算整理前残高試算表（一部）

残高試算表　（単位：円）

繰越製品	12,000	減価償却累計額	4,000
繰越材料	6,000	売上	76,000
繰越仕掛品	10,000	仕入割引	800
建物	100,000		
材料仕入	30,000		
賃金	11,600		
製造経費	8,000		

〔資料2〕 決算整理事項

1．期末棚卸資産

(1) 材料（いずれも原価）

帳簿棚卸高　8,400円　　実地棚卸高　8,000円

棚卸減耗費は製造原価に算入するものとする。

(2) 期末仕掛品棚卸高　10,000円（売価）

(3) 期末製品棚卸高　　14,000円（売価）

期末仕掛品及び期末製品の評価額を算定するにあたり、売価還元法を適用する。

2．建物の減価償却は、定額法により耐用年数45年で実施する（残存価額は取得原価の10%）。ただし、減価償却費のうち50%は製造原価に算入すること。

3．製造経費600円を繰延処理する。

①　22,600円　②　22,800円　③　23,200円　④　26,400円　⑤　28,000円

58 当期製品製造原価

当社は本社及び工場を有し、分権的会計制度を採用しているが、工場では原価計算制度を採用していない。下記の資料を参照して、工場の帳簿上の当期製品製造原価の金額として正しいものを選択しなさい。

1．本社・工場間の取引

⑴　本社は毎期、工場で使用する材料のすべてを外部仕入原価に20％の利益を加算して送付している。

⑵　工場ベースの完成品原価に占める材料費割合は30％で常に一定である。

⑶　工場は毎期、完成品原価に25％の利益を加算して本社のみに製品を送付している。

2．未達取引（前期末にはなかった）

工場から本社への製品送付高　　6,250万円（本社受入価額）

3．本社及び工場の製品棚卸高に含まれる内部利益の金額（未達考慮前）

⑴　本社：期首　900万円、期末　900万円

⑵　工場：期首　250万円、期末　300万円

4．当期の外部公表用損益計算書上の製品売上原価は22,800万円であった。

①　**23,800万円**　　②　**28,500万円**　　③　**29,000万円**　　④　**30,000万円**

⑤　**37,250万円**

59 内部利益

以下の〔資料〕により、控除すべき内部利益の金額と、公表用貸借対照表上の製品の金額の組み合わせとして正しいものを選択しなさい。

〔資料1〕 期末製品棚卸高の内訳

	本　　社	工　　場
製　　品	？円（20個）	？円（50個）

（注）工場ベースの1個当りの製品原価は160円である。

〔資料2〕

⑴ 本社は外部より材料を仕入れ、その仕入原価の20％増で工場へ送付している。

他方、工場は完成した製品を、1個200円の振替価格で本社へ送付している。

⑵ 工場における製品原価のうち、材料費の割合は60％である。

控除すべき内部利益の金額 [a] 円
公表用貸借対照表上の製品の金額 [b] 円

	a	b
①	1,120	10,880
②	1,600	10,400
③	1,920	10,080
④	800	11,200
⑤	1,920	12,000

第14章 外貨建会計

問題編

60 外貨建有価証券

次の〔**資料Ⅰ**〕および〔**資料Ⅱ**〕に基づいて計算したとき、〔**資料Ⅲ**〕×1年度（×1年4月1日～×2年3月31日）の貸借対照表および損益計算書の各金額として正しい金額はいくつあるか、最も適切なものの番号を一つ選びなさい。なお、法定実効税率を40%として税効果会計を適用すること。

〔**資料Ⅰ**〕 当社保有の外貨建有価証券（金額単位：千ドル）

銘柄	分類	取得原価	取得日	前期末時価	当期末時価	取得日の為替相場
A社株式	売買目的有価証券	642	×1年1月1日	666	658	104円／ドル
B社社債	満期保有目的の債券	880	×1年4月1日	――	916	103円／ドル
C社株式	関係会社株式	2,060	×1年3月1日	2,024	2,092	102円／ドル
D社株式	その他有価証券	748	×1年2月1日	760	775	105円／ドル
E社社債	その他有価証券	1,700	×1年4月1日	――	1,800	103円／ドル

（注1） B社社債の発行条件は、額面：1,000千ドル、発行日：×1年4月1日、償還日：×5年3月31日、クーポン利子率：0％である。当社は、定額法による償却原価法を適用する。

（注2） E社社債の発行条件は、額面：2,000千ドル、発行日：×1年4月1日、償還日：×5年3月31日、クーポン利子率：0％である。当社は、定額法による償却原価法を適用する。なお、期末の換算替えは原則的な方法による。

〔資料Ⅱ〕　為替相場

×1年３月31日の決算日相場：103円／ドル

×2年３月31日の決算日相場：114円／ドル

×1年度の期中平均相場：107円／ドル

〔資料Ⅲ〕　×1年度の貸借対照表および損益計算書の各金額（単位：千円）

有価証券（流動資産）	75,012	有価証券評価益	6,414
投資有価証券（固定資産）	397,290	有価証券利息	11,235
その他有価証券評価差額金	19,131	為替差益	9,890

①　１個　　②　２個　　③　３個　　④　４個　　⑤　５個　　⑥　６個

61 為替予約（その１）

当社は、為替予約取引について独立処理により会計処理している。次の〔資料〕に基づき、×2年３月31日を決算日とする１年間について、貸借対照表に計上される為替予約に係る正味の債権（または債務）として正しい金額の番号を一つ選びなさい。

〔資料〕

1．×2年２月７日にドル建ての輸入取引を行った。その後×2年３月３日に、円安によるコスト増加を懸念して800千ドルの為替予約を行った。輸入代金800千ドルの決済日は×2年４月19日である。

2．×2年４月15日に予定されているドル建ての輸入取引に関して、円安によるコスト増加を懸念して、×2年２月17日に1,200千ドルの為替予約を行った。この輸入取引は実行される可能性が極めて高いものである。輸入代金1,200千ドルの決済日は×2年４月25日である。

3．輸入取引はすべて掛けにより行われている。

4．為替予約取引はすべてヘッジ会計の要件を満たしている。

5．繰延ヘッジ損益について、法定実効税率を40%として税効果会計を適用する。

6．対ドル為替相場は次のとおりである。

日付	直物レート	先物レート（４月19日決済）	先物レート（４月25日決済）
×2年２月７日	111円	114円	115円
×2年２月17日	113円	116円	117円
×2年３月３日	110円	112円	114円
×2年３月31日	103円	104円	105円

① 6,400千円　② 8,000千円　③ 12,000千円
④ 12,480千円　⑤ 20,800千円　⑥ 22,400千円

62 為替予約（その2）

C社は×1年4月1日にアメリカの銀行より9,000千ドルを借り入れた。借入期間は3年、利払日は毎年3月末及び9月末である。C社は当該借入金（元本）に対し、×1年10月1日に1ドル＝113円で為替予約を付した。よって、以下に示す〔資料〕も参照して、当期（×1年12月末を決算日とする1年間）に計上される為替差損益の金額として正しいものを一つ選びなさい。

〔資料〕

1．各取引日における為替レートは次のとおりである。

×1年4月1日：1ドル＝108円

×1年10月1日：1ドル＝110円

×1年12月31日：1ドル＝111円

2．為替予約の処理は、振当処理による。

3．予約差額はすべて為替差損益として処理する。なお、期間配分の計算は月割によること。

① 2,700千円　② 4,500千円　③ 11,250千円

④ 18,000千円　⑤ 20,700千円

63 為替予約（その３）

以下の〔**資料**〕を参考にして決算整理後残高試算表の(A)支払利息と(B)為替差損益の金額の正しい組み合わせを一つ選びなさい。なお、当期は、13年３月31日を決算日とする１年間である。

〔**資料１**〕 当社の借入状況（下記以外は考慮する必要はない）

借　入　日	摘　　　要
12年７月１日	ＫＴ銀行から、200千ドルを借入れた。借入期間は２年間、年利率は５％、利息は毎年６月末と12月末に半年分を後払いする契約である。なお、12年11月１日に、元本に対して１ドル＝124円で為替予約を行ったが、未処理であった。
12年11月１日	ＭＡ銀行から、450千ドルを借入れた。借入期間は１年間、年利率は４％、利息は元本と合わせて返済日に支払う契約である。なお、13年２月１日に、元利合わせて１ドル＝122円の為替予約を行い、全額為替差損益として処理している。

〔**資料２**〕 解答上の留意事項

1．外貨建取引については、『外貨建取引等会計処理基準』を採用すること。
2．為替予約は振当処理を採用し、また、いわゆる直先差額は、為替差損益勘定で処理し月割で期間配分すること。
3．利息の計算は月割計算で行うこと。
4．決算整理前残高試算表上の支払利息勘定残高は610千円、為替差損益勘定残高は1,450千円（借方残高）である。
5．解答上必要な直物為替レート

12年７月１日：１ドル＝120.5円　　12年11月１日：１ドル＝118円
13年２月１日：１ドル＝119円　　13年３月31日：１ドル＝120円

① (A) 1,810千円　(B) 700千円（借方）
② (A) 1,810千円　(B) 700千円（貸方）
③ (A) 1,825千円　(B) 200千円（借方）
④ (A) 1,825千円　(B) 200千円（貸方）
⑤ (A) 1,825千円　(B) 100千円（借方）

64 在外支店の財務諸表項目の換算

当社のロサンゼルス支店とニューヨーク支店の決算整理後残高試算表は、以下の通りである。『外貨建取引等会計処理基準』によって円換算し、A．ロサンゼルス支店の為替差損益、B．ニューヨーク支店の当期純利益（当期純損失）の金額の組み合わせとして正しいものを一つ選びなさい。

〔資料1〕 ロサンゼルス支店の決算整理後残高試算表

決算整理後残高試算表

×13年3月31日　　（単位：千ドル）

現金	70	買掛金	65
売掛金	80	貸倒引当金	1
建物	200	減価償却累計額	18
仕入	210	本店	127
営業費	54	売上	320
貸倒引当金繰入	1	営業外収益	90
減価償却費	6		
	621		621

〔資料２〕 ニューヨーク支店の決算整理後残高試算表

決算整理後残高試算表

×13年３月31日　　　　（単位：千ドル）

現金	80	買掛金	85
売掛金	100	貸倒引当金	2
建物	400	減価償却累計額	27
仕入	250	本店	517
営業費	100	売上	310
貸倒引当金繰入	2		
減価償却費	9		
	941		941

〔資料３〕 解答上の留意事項

(1) 本店の決算整理後残高試算表のロサンゼルス支店勘定は13,000千円、ニューヨーク支店勘定は45,280千円である。

(2) 両支店とも期首、期末商品をもたない。

(3) 売上、売上原価、営業外収益、営業費は期中平均相場により換算することとする。

(4) 両支店とも同時に建物を取得しており建物取得時の為替レートは１ドル＝95円である。

(5) 為替相場

期中平均相場：１ドル＝115円

期末相場：１ドル＝108円

① (A) 2,750（損）　(B) 199（損失）

② (A) 2,750（損）　(B) 5,508（損失）

③ (A) 5,870（益）　(B) 13,362（利益）

④ (A) 1,100（損）　(B) 5,508（損失）

⑤ (A) 2,750（損）　(B) 199（利益）

65 在外子会社の財務諸表項目の換算

D社は×2年４月１日に、アメリカに100％子会社であるＦ社を設立した。当期のＦ社の個別財務諸表は〔**資料１**〕の通りである。〔**資料２**〕も参照して、当期の円換算後のＦ社の貸借対照表における為替換算調整勘定の金額として正しいものを一つ選びなさい。

〔**資料１**〕　Ｆ社の個別財務諸表（連結用に組替えたもの）

貸借対照表

Ｆ社　×4年３月31日　（単位：千ドル）

現金預金	1,072	買掛金	1,100
売掛金	1,372	借入金	500
商品	400	資本金	3,000
建物	1,056	利益剰余金	300
土地	1,000		
	4,900		4,900

損益計算書

Ｆ社　自×3年４月１日　至×4年３月31日　（単位：千ドル）

売上原価	4,800	売上高	6,400
諸費用	1,360		
当期純利益	240		
	6,400		6,400

株主資本等変動計算書（利益剰余金）

Ｆ社　自×3年４月１日　至×4年３月31日　（単位：千ドル）

剰余金の配当	20	前期末残高	80
当期末残高	300	当期純利益	240
	320		320

〔資料２〕　その他の留意事項

1．Ｆ社の建物、土地はすべて会社設立時に取得したものである。

2．Ｆ社の借入金は、すべてＤ社から借り入れたものである。借入日は、×3年10月１日、借入期間２年、年利率2.4％、毎年３月末及び９月末に半年分の利息を支払うものである。

3．収益、費用の換算は、原則的な方法による。

4．各取引日の為替レートは、次の通りである。

×2年４月１日　１ドル＝100円　　×3年３月31日　１ドル＝110円

×3年６月28日（剰余金配当時）　１ドル＝112円

×3年９月30日　１ドル＝116円　　×3年10月１日　１ドル＝116円

×4年３月31日　１ドル＝120円　　前期期中平均レート　１ドル＝105円

当期期中平均レート　１ドル＝115円

①　60,000千円　②　60,640千円　③　62,240千円　④　62,640千円

⑤　64,240千円

第15章 企業結合・事業分離

問題編

66 合　併（その1）

A社は、当期末現在、B社を吸収合併することになっている。以下の資料を参照し、A社の合併後貸借対照表に計上される(1)のれん、(2)資本剰余金の金額の組み合わせとして正しいものを一つ選びなさい。なお、合併直前のA社の貸借対照表には、資本剰余金が3,000百万円計上されている。

〔資料1〕　B社の貸借対照表　　　　　　　　　　（単位：百万円）

貸借対照表

諸資産	20,000	諸負債	14,000
		資本金	4,000
		資本剰余金	1,000
		利益剰余金	1,000
	20,000		20,000

※　諸資産の時価は22,000百万円であり、諸負債の時価は14,000百万円である。

〔資料2〕　B社との合併に関する資料

1．B社との合併は、取得とされ、会計処理はパーチェス法を採用することとし、A社が取得企業とされた。

2．A社は、合併の対価としてA社の株式10万株をB社の株主に交付した。当該交付にあたり、保有する自己株式を2万株（帳簿価額：1,800百万円）処分し、新株を8万株発行した。

3．企業結合日におけるA社株式の時価は10万円／株である。

4．A社は、増加すべき払込資本のうち75%を資本金、25%を資本剰余金として計上する。

	(1)	(2)
①	0	4,050百万円
②	2,000百万円	4,400百万円
③	0	4,400百万円
④	1,600百万円	5,050百万円
⑤	2,000百万円	5,050百万円

67 合　併（その2）

A社（決算日３月31日）は、B社（決算日３月31日）を×1年４月１日（合併期日）に吸収合併した。この企業結合は取得とされ、取得企業はA社であった。次の〔**資料**〕に基づいて、合併後のA社の貸借対照表に計上されるのれんの金額として、正しい番号を一つ選びなさい。

〔**資料**〕

1．×1年３月31日現在の両社の貸借対照表

貸借対照表　（単位：千円）

資　産	A　社	B　社	負債・純資産	A　社	B　社
現　金	454,000	21,500	借入金	1,456,000	364,500
売掛金	777,000	178,000	資本金	1,200,000	500,000
土　地	2,500,000	840,000	利益剰余金	1,075,000	175,000
合計	3,731,000	1,039,500	合計	3,731,000	1,039,500

2．企業結合日におけるA社およびB社の土地の時価は、それぞれ2,800,000千円および888,000千円であった。両社におけるそれ以外の資産および負債項目の時価は帳簿価額と一致していた。

3．B社には、貸借対照表に計上されている資産のほか、分離して識別可能な無形資産が、42,000千円あった。

4．A社は合併の対価として、新株を発行し、B社株主に交付した。合併比率は、合併に際して算定された一株当たり企業価値に基づいて算定している。両社の発行済株式総数、合併に際して算定された一株当たり企業価値、企業結合日の株価は、次のとおりである。

	A　社	B　社
発行済株式総数	5,000千株	3,500千株
合併に際して算定された一株当たり企業価値	550円	220円
企業結合日の株価	600円	300円

5．合併後に予定されている再教育費用および割増退職金が13,500千円発生すると予測され、その発生の可能性が取得の対価に反映されているので、これを企業結合に係る特定勘定に計上する。

6．税効果は考慮しないこと。

① 18,500千円　② 60,500千円　③ 61,500千円
④ 88,500千円　⑤ 211,000千円　⑥ 298,500千円

68 株式交換（その１）

以下の〔資料〕に基づき、甲社の関係会社株式の金額として正しいものを一つ選びなさい。〔資料〕として与えられていない事項については考慮する必要はない。

〔資料〕 株式交換に関する資料

1．甲社は、乙社と株式交換契約を結び、甲社が完全親会社、乙社が完全子会社となった。

2．乙社との株式交換は取得とされ、甲社が取得企業、乙社が被取得企業となった。

3．株式交換比率は、甲社：乙社＝１：0.8である。

4．発行済株式数は、甲社が5,000株、乙社が2,500株である。なお、甲社の株式交換日の時価は90千円／株である。

5．乙社の貸借対照表は、以下のとおりである。

乙社　　貸 借 対 照 表　　（単位：千円）

諸資産	450,000	諸負債	180,000
		資本金	187,500
		資本剰余金	37,500
		利益剰余金	45,000
	450,000		450,000

① 160,000千円　② 175,000千円　③ 180,000千円

④ 200,000千円　⑤ 225,000千円

69 株式交換（その2）

A社（決算日3月31日）は、B社（決算日3月31日）を×1年4月1日（企業結合日）に株式交換により完全子会社とした。この企業結合における取得企業はB社（完全子会社）であった。以下の〔資料〕に基づき、株式交換後のA社（完全親会社）の連結貸借対照表に計上される資本剰余金の金額として最も適切なものの番号を一つ選びなさい。

〔資料〕

1．A社およびB社の個別貸借対照表

貸借対照表

×1年3月31日現在　（単位：千円）

資　　産	A　社	B　社	負債・純資産	A　社	B　社
諸　資　産	865,000	2,160,000	諸　負　債	289,000	947,000
土　　地	200,000	550,000	資　本　金	500,000	1,150,000
			資本剰余金	121,500	316,000
			利益剰余金	154,500	297,000
合　　計	1,065,000	2,710,000	合　　計	1,065,000	2,710,000

2．その他の事項

(1) A社の発行済株式総数は5,000千株、B社の発行済株式総数は7,500千株であった。

(2) A社は、株式交換に際し、B社株主に対して、B社株式1株につき2株のA社株式を新株発行により交付した。

(3) A社の個別財務諸表において増加する株主資本については、その2分の1ずつを資本金と資本剰余金とする。

(4) 企業結合日におけるA社の株価は1株当たり260円であり、B社の株価は1株当たり520円であった。

⑸　企業結合日におけるＡ社の土地の時価は238,500千円であり、Ｂ社の土地の時価は596,000千円であった。両社とも土地以外の資産および負債項目の時価は帳簿価額と一致していた。

⑹　税効果は考慮しない。

① 771,500千円	② 899,000千円	③ 966,000千円
④ 1,068,500千円	⑤ 1,096,500千円	⑥ 1,384,500千円

70 株式移転

x5年4月1日において、A社とB社は株式移転を行い、完全親会社X社を設立した。以下の資料を参照して、株式移転直後のX社の個別貸借対照表に計上される関係会社株式の金額、及び、連結貸借対照表に計上されるのれんの金額として正しい組み合わせの番号を一つ選びなさい。

〔資料〕

1．当該企業結合は取得に該当し、A社が取得企業、B社が被取得企業と判定された。

2．株式移転直前におけるA社の発行済株式総数は1,000株、B社の発行済株式総数は1,500株であった。

3．X社はA社株主に対しA社株式1株につきX社株式を1株発行し、B社株主に対しB社株式1株につきX社株式0.5株を発行する。

4．x5年3月31日における各社の純資産の状況は下記のとおりである。

	資　本　金	利益剰余金	土地の含み益	各社の事業の時価
A社	300,000千円	150,000千円	40,000千円	500,000千円
B社	200,000千円	140,000千円	30,000千円	375,000千円

※　A社株式の時価は1株500千円である。

5．税効果会計については考慮しないこと。

	関係会社株式	のれん
①	790,000千円	5,000千円
②	825,000千円	5,000千円
③	865,000千円	5,000千円
④	825,000千円	15,000千円
⑤	875,000千円	15,000千円

71 事業分離（その１）

Ａ事業とＢ事業を営む甲社（分離元企業）は、乙社（分離先企業）へＢ事業を移転する会社分割を行うこととなった。よって、以下の**〔資料〕**を参照して、(1)移転した事業に係る投資が清算されたとみる場合の移転利益、(2)移転した事業に係る投資が継続しているとみる場合の関係会社株式の金額の組み合わせとして正しいものを一つ選びなさい。

〔資料〕

1．分割日現在の甲社における各事業資産の時価は次のとおりである。なお、負債には時価との乖離はなかった。

Ａ事業資産　640,000千円　　Ｂ事業資産　145,000千円

2．事業分離日の乙社発行株式の時価は56千円／株である。

3．甲社はＢ事業の移転に伴い、乙社株式の2,000株を取得する。

4．分割日現在の甲社の貸借対照表は、以下のとおりである。

甲社　貸借対照表　（単位：千円）

Ａ事業資産	600,000	Ａ事業負債	184,000
Ｂ事業資産	140,000	Ｂ事業負債	36,000
		資本金	320,000
		利益準備金	64,000
		繰越利益剰余金	136,000
	740,000		740,000

	(1)	(2)
①	8,000千円	104,000千円
②	3,000千円	104,000千円
③	8,000千円	109,000千円
④	3,000千円	112,000千円
⑤	8,000千円	112,000千円

72 合　併（その3）

x15年4月1日において、P社はS社を吸収合併した。以下の資料を参照して合併直後のP社の貸借対照表に計上されるのれんの金額として正しい金額の番号を一つ選びなさい。

〔資料〕

1．x13年3月31日、P社はS社の発行する株式の80%を418,000千円で取得し、S社を連結子会社とした。なお、同日においてS社の保有する土地から20,000千円の含み益が生じている。

2．x15年4月1日、P社はS社を吸収合併し、S社の非支配株主に対しP社株式120,500千円を交付した。なお、同日においてS社の保有する土地から22,000千円の含み益が生じている。

3．S社の資本勘定の推移は以下のとおりである。

	x13年3月31日	x14年3月31日	x15年3月31日
資　本　金	300,000千円	300,000千円	300,000千円
資本剰余金	100,000千円	100,000千円	100,000千円
利益剰余金	100,000千円	130,000千円	180,000千円
合　計	500,000千円	530,000千円	580,000千円

4．のれんは発生の翌年度より20年で毎期均等償却する。

5．税効果会計については考慮しないこと。

① **1,800千円**　② **1,900千円**　③ **2,000千円**　④ **2,200千円**

⑤ **2,300千円**

73 事業分離（その２）

従来、Ｐ社はＡ事業及びＢ事業を、Ｓ社はＣ事業を営んでいたが、x5年４月１日において、Ｐ社はＳ社に対し会社分割を行いＡ事業を移転した。以下の資料を参照して、当該会社分割の結果Ｐ社の連結財務諸表に計上されるのれん及び連結財務諸表上における資本剰余金の変動額として、正しい金額の組み合わせを一つ選びなさい。

〔資料〕

１．会社分割の対価として、Ｐ社はＳ社よりＳ社株式の60％を取得し、Ｓ社を連結子会社としている。

２．移転直前における各社の事業の状況は以下の通りである。

	帳簿価額	諸資産の時価	事業の時価
Ａ　事　業	100,000千円	115,000千円	120,000千円
Ｂ　事　業	300,000千円	310,000千円	340,000千円
Ｃ　事　業	70,000千円	76,000千円	80,000千円

	のれん	資本剰余金
①	2,000千円	4,000千円
②	2,000千円	8,000千円
③	2,400千円	8,000千円
④	2,400千円	20,000千円
⑤	10,000千円	20,000千円

74 事業分離（その3）

A社は、これまで営んでいた甲事業をB社に分離することとした。次の〔**資料**〕に基づき、以下のア～カの記述のうち正しいものはいくつあるか、正しい個数の番号を一つ選びなさい。

〔資料〕

1. B社は甲事業を譲り受けた対価として、新株（時価総額：50,000千円）をA社に発行した。
2. 甲事業に係るA社における諸資産の適正な帳簿価額は46,000千円（株主資本相当額45,000千円、その他有価証券評価差額金1,000千円）、諸資産の時価は47,500千円、甲事業の時価は50,000千円である。

ア．事業分離後にB社がA社の子会社となる場合、A社個別財務諸表上において移転損益は計上されない。

イ．事業分離後にB社がA社の子会社となる場合、B社個別財務諸表上においてのれんは計上されない。

ウ．事業分離後にB社がA社の関連会社となる場合、A社個別財務諸表上において5,000千円の移転利益が計上される。

エ．事業分離後にB社がA社の関連会社となる場合、B社個別財務諸表上においてのれんは計上されない。

オ．事業分離後にB社がA社の子会社および関連会社以外の会社となる場合、A社個別財務諸表上において5,000千円の移転利益が計上される。

カ．事業分離後にB社がA社の子会社および関連会社以外の会社となる場合、B社個別財務諸表上において2,500千円ののれんが計上される。

① **1個**　② **2個**　③ **3個**
④ **4個**　⑤ **5個**　⑥ **6個**

75 共同支配企業の形成

吸収合併に関する次の〔**資料**〕に基づいて、A社が行うべき連結財務諸表上の会計処理として、最も適切な番号を一つ選びなさい。

〔**資料**〕

1．A社は、過年度に完全子会社B社を設立した。

2．B社は、資本関係のないY社（発行済株式総数300株）に吸収合併された。存続会社がY社、消滅会社がB社である。

3．吸収合併直前のB社およびY社の貸借対照表は次のとおりである。

貸借対照表　　（単位：千円）

資　　産	B　社	Y　社	負債・純資産	B　社	Y　社
諸　資　産	1,220,000	650,000	諸　負　債	480,000	250,000
			資　本　金	500,000	300,000
			利益剰余金	240,000	100,000
合計	1,220,000	650,000	合計	1,220,000	650,000

B社の諸資産の時価は1,260,000千円、B社の企業時価は800,000千円であった。また、Y社の諸資産の時価は700,000千円、Y社の企業時価は480,000千円であった。なお、両社とも、諸負債の時価は帳簿価額と一致している。

4．当該吸収合併に際して、A社は、Y社の完全親会社であったX社と、Y社を共同で支配する契約を締結し、当該吸収合併は共同支配企業の形成と判定された。

5．Y社は合併の対価として、新株500株を発行し、A社に交付した。

6．税効果は考慮しないこと。

①　Y社に対する投資について持分法を適用し、投資額762,500千円を貸借対照表に計上する。

② Y社に対する投資について持分法を適用し、持分変動差額37,500千円を計上する。

③ Y社を連結し、のれん18,750千円を計上する。

④ Y社を連結し、資本剰余金22,500千円を計上する。

⑤ Y社を連結するか、持分法を適用するかは、継続適用を条件として選択適用できる。

⑥ A社において必要となる会計処理はない。

第16章 連結会計

問題編

76 利益剰余金の算定（その１）

Ｐ社はＳ社の株式を取得し、x10年度（x10年４月１日～x11年３月31日）から連結財務諸表を作成することになった。以下に示す〔**資料１**〕から〔**資料３**〕までを参考にして、x11年度末にＰ社がＳ社を連結して連結財務諸表を作成した場合に、連結貸借対照表上の利益剰余金がいくらで表示されるかを計算し、その金額として正しいものを一つ選びなさい。

〔**資料１**〕 Ｓ社株式の取得状況

	取得率	取得原価
x９年度末原始取得	10%	60,200千円
x10年度末追加取得	62%	378,200千円

〔**資料２**〕 Ｓ社の資本の推移

	x９年３月末	x10年３月末	x11年３月末	x12年３月末
資本金	350,000千円	350,000千円	350,000千円	350,000千円
資本準備金	75,000千円	75,000千円	75,000千円	75,000千円
利益準備金	23,000千円	33,000千円	47,000千円	62,000千円
繰越利益剰余金	42,000千円	62,000千円	108,000千円	158,000千円

〔**資料３**〕 留意事項

(1) x10年度末において、Ｓ社の資産・負債の中で含み益が生じているのは土地のみであり、その帳簿価額は200,000千円、時価は205,000千円となっている。

(2) のれんは発生の翌年度から20年で均等償却している。

(3) ×9年度末に取得した株式の×10年度末における時価は、61,000千円となっている。

(4) ×11年度末のＰ社個別貸借対照表（連結用の表示組替後のもの）上の利益剰余金は456,000千円と表示されている。

(5) 税効果会計については、考慮しないこと。

① 501,900千円　② 502,700千円　③ 503,600千円

④ 504,000千円　⑤ 504,200千円

77 利益剰余金の算定（その２）

Ｐ社は、×1年３月末にＳ社の議決権付株式の60％を258,000千円で取得した。また、×2年３月末にＳ社の議決権付株式の20％を87,300千円で取得した。よって、以下に示した〔**資料**〕を参照して、当期（×4年３月期）の連結財務諸表における当期末の利益剰余金の金額として、正しいものを一つ選びなさい。なお、Ｐ社、Ｓ社とも会計期間は、毎年３月末を決算日とする１年間である。

〔**資料**〕

1．Ｓ社資本の推移は次のとおりである。

	×1年３月末	×2年３月末	×3年３月末
資 本 金	250,000千円	250,000千円	250,000千円
利益剰余金	150,000千円	162,000千円	175,000千円

2．Ｓ社の土地（簿価100,000千円）の各年度末における時価は、×1年３月末が120,000千円、×2年３月末が121,000千円であった。

3．のれんは発生年度の翌年から10年間にわたって均等償却を行う。

4．Ｓ社の当期における剰余金の配当は、配当金が30,000千円、利益準備金が3,000千円である。また、Ｓ社の当期純利益は44,000千円である。

5．Ｐ社はＳ社から商品の一部を仕入れている。Ｐ社のＳ社からの当期商品仕入高は90,000千円である。

6．Ｐ社におけるＳ社から仕入れた商品の棚卸高は、前期末が5,400千円、当期末が6,000千円である。なお、Ｓ社の売上総利益率は両年とも25％である。

7．Ｐ社の当期末の支払手形のうち10,000千円、買掛金のうち12,000千円はＳ社に対するものである。また、前期末の支払手形のうち9,000千円、買掛金のうち11,000千円はＳ社に対するものであった。

8．Ｓ社は期末売上債権残高の２％にあたる貸倒引当金を設定している（前期も同様）。

9．P社の×4年３月末の資本金は500,000千円、利益剰余金は390,000千円である。
10. 税効果会計は無視する。

① 415,940千円　② 416,240千円　③ 416,920千円
④ 417,760千円　⑤ 419,810千円

78 持分の一部売却

P社は、子会社S社の株式の一部を売却した。そこで、次の〔**資料**〕から連結財務諸表上における資本剰余金の変動額（減少はマイナスで示す）として正しい金額を一つ選びなさい。当事業年度は、×1年度（×1年4月1日～×2年3月31日）である。

〔**資料**〕

1. P社は、×1年3月31日にS社の発行済株式の90％を45,000千円で取得した。
S社株式取得時のS社の貸借対照表は次のとおりであった。

S社貸借対照表（×1年3月31日）　（単位：千円）

諸資産	75,000	諸負債	45,000
土地	15,000	資本金	30,000
		繰越利益剰余金	15,000
	90,000		90,000

土地の時価は18,000千円である。法人税等の実効税率を40％として税効果会計を適用する。また、のれんが生ずる場合は、発生年度の翌年度（当事業年度）から10年間で均等額を償却する。

2. P社は、×2年3月31日にS社の発行済株式の30％を18,000千円で売却した。
S社の×1年度の当期純利益は12,000千円であった。なお、S社は、×1年度において剰余金の配当は行っていないものとする。

① **－360千円**　② **－216千円**　③ **0千円**　④ **216千円**
⑤ **360千円**

79 持分法

P社は、×1年度（×1年1月1日から始まる1年間）末においてA社株式を取得し、同年度より、A社に対する投資には持分法を適用している。以下に示すそれぞれのケースに基づいて、(ア)当期末連結貸借対照表におけるA社株式の金額、(イ)当期の連結損益計算書における持分法による投資利益の金額を答えなさい。なお、当期は×3年度（×3年1月1日から始まる1年間）である。

〔ケース1－1〕 P社が取得時以降、A社株式の35%を保有し、A社を関連会社としている場合

P社は前期からA社に対して商品を販売している。A社の棚卸資産のうち、P社より仕入れた金額は以下のとおりである。

×2年度末	×3年度末
2,500千円	2,800千円

〔ケース1－2〕 仮に、**〔ケース1－1〕**のときに、A社がP社に上記商品を販売している場合

〔ケース2－1〕 P社が取得時以降、A社株式の65%を保有し、A社を非連結子会社としている場合

P社は前期からA社に対して商品を販売している。A社の棚卸資産のうち、P社より仕入れた金額は以下のとおりである。

×2年度末	×3年度末
2,500千円	2,800千円

〔ケース2－2〕 仮に、**〔ケース2－1〕**のときに、A社がP社に上記商品を販売している場合

〔上記の各ケースに共通の資料〕

1．A社の資本は以下のとおりである。

×1年度末	×2年度末	×3年度末
80,000千円	85,000千円	96,000千円

2．A社の資本の増減要因は以下のとおりである。

	×2年度末	×3年度末
当期純利益	8,000千円	15,000千円
配当金	3,000千円	4,000千円

3．A社株式取得に際して、いずれの場合ものれんは生じていないものとする。

4．P社がA社に販売するに際して適用した利益率は、前期・当期ともに20%である。また、A社がP社に販売する際にも同様とする。

5．未実現利益の消去にあたって、原則的な処理を行うこと。

6．税効果会計は考慮する必要はない。

7．P社は×1年度より以前に連結財務諸表を作成している会社である。

（単位：千円）

	〔ケース1－1〕	〔ケース1－2〕	〔ケース2－1〕	〔ケース2－2〕
①	ア：33,404	ア：33,600	ア：61,840	ア：62,400
	イ：5,250	イ：5,229	イ：9,750	イ：9,711
②	ア：33,404	ア：33,600	ア：62,036	ア：62,400
	イ：5,250	イ：5,229	イ：9,750	イ：9,711
③	ア：33,404	ア：33,600	ア：62,036	ア：62,400
	イ：5,250	イ：5,229	イ：9,750	イ：9,690
④	ア：33,040	ア：33,600	ア：62,036	ア：62,400
	イ：5,250	イ：5,229	イ：9,750	イ：9,711
⑤	ア：33,040	ア：33,600	ア：61,840	ア：62,400
	イ：5,250	イ：5,229	イ：9,750	イ：9,711

80 評価差額の実現等

次の〔資料〕に基づき、×8年３月31日を決算日とする会計期間について、P社連結貸借対照表に計上される非支配株主持分として、正しい金額の番号を一つ選びなさい。

〔資料〕

1．P社は、×5年３月31日にＳ社株式7,600株を570,000千円で取得し、Ｓ社を子会社とした。

2．支配獲得時において、Ｓ社の資産および負債のうち、土地と建物について時価が帳簿価額と乖離していた。詳細は次のとおりである。

（単位：千円）

	時価	帳簿価額	備考
土地	97,000	74,000	Ｓ社は当期末現在、当該土地を保有している。
建物	86,000	66,000	Ｓ社は当期末現在、当該建物を保有している。なお、Ｓ社では、×5年４月以降の耐用年数を16年、残存価額をゼロとして、定額法により減価償却している。

3．Ｓ社の純資産の推移は次のとおりである。

（単位：千円）

	資本金	資本剰余金	利益剰余金	自己株式	新株予約権
×5年３月31日	370,000	170,000	210,000	△43,200	—
×6年３月31日	370,000	170,000	234,700	△43,200	—
×7年３月31日	370,000	170,000	243,800	△43,200	13,000
×8年３月31日	370,000	170,000	251,600	△43,200	13,000

4．Ｓ社の発行済株式総数は10,000株であり、そのうち500株を自己株式として保有している。なお、これらの株数に近年変動はない。

5．税効果会計は考慮しないこと。

① 157,530千円	② 158,280千円	③ 160,130千円
④ 166,170千円	⑤ 189,036千円	⑥ 192,156千円

81 在外子会社の連結（その１）

x6年４月現在、Ｐ社はＳ社を連結子会社として支配している。以下の資料を参照してＰ社のx5年度（x6年３月31日を決算日とする１年間）の連結貸借対照表に計上される為替換算調整勘定として正しい金額の番号を一つ選びなさい。

〔資料〕

１．Ｐ社は、x4年３月31日にＳ社の発行する株式の60％を960千ドルで取得し、Ｓ社を連結子会社とした。

２．Ｓ社の資本勘定の推移（単位：千ドル）

	資本金	利益剰余金	土地の含み益
x4年３月31日	1,000	300	200
x5年３月31日	1,000	370	300
x6年３月31日	1,000	480	350

３．為替相場の推移（円／ドル）

	決算日レート	期中平均レート
x3年度	85	83
x4年度	87	86
x5年度	92	90

４．のれんは発生の翌年度より20年間で毎期均等償却する。

５．各社の会計期間は３月31日を決算日とする１年間である。

６．各社とも配当を行っていない。

７．税効果会計は考慮しないこと。

① 4,800千円　② 5,328千円　③ 5,856千円　④ 6,384千円
⑤ 7,080千円

82 在外子会社の連結（その２）

次の〔資料〕に基づいて、当期（×13年12月期）の連結損益計算書における減価償却費として正しい金額の番号を一つ選びなさい。なお、千円未満の金額は四捨五入すること。

〔資料〕

1．Ｐ社は在外子会社Ｓ社を連結子会社として、連結財務諸表を作成している。Ｐ社およびＳ社の会計期間は１月１日から12月31日までの１年間である。

2．Ｐ社は×13年４月１日に、機械装置（帳簿価額13,800千円）を180千ドルでＳ社に売却した。Ｓ社は当該機械装置を耐用年数５年、残存価額ゼロの定額法で減価償却を実施している。Ｓ社は当該機械装置以外の固定資産は保有していない。

3．Ｐ社の個別財務諸表における当期の減価償却費は660千円であった。

4．必要な為替相場のデータは以下のとおりである。為替換算は原則的な方法による。

期中平均為替相場	１ドル＝90円
決算日の為替相場	１ドル＝92円
機械装置売却時の為替相場	１ドル＝87円

① 2,730千円　② 2,811千円　③ 2,865千円
④ 3,528千円　⑤ 3,621千円　⑥ 3,748千円

83 包括利益計算書

次の〔資料〕に基づき、当期のＰ社連結包括利益計算書における、その他の包括利益の金額として、正しい番号を一つ選びなさい。

〔資料〕

1．Ｐ社は、国内のＳ１社の発行済株式の80%、国外のＳ２社の発行済株式の100%を、いずれも設立時より保有している。

2．いずれの会社も法定実効税率は40%とする。

3．Ｐ社は前期に以下のその他有価証券を取得した。このうち、Ａ社株式を当期中に2,025千円で売却した。

	取得原価	前期末時価	当期末時価
Ａ社株式	2,000千円	2,250千円	−
Ｂ社株式	3,000千円	3,750千円	3,560千円

4．Ｓ１社の貸借対照表における繰延ヘッジ損益の金額は、前期末において720千円、当期末において480千円であり、いずれも借方残高である。

5．Ｓ２社の貸借対照表における為替換算調整勘定の金額は、前期末において500千円、当期末において800千円であり、いずれも貸方残高である。

① 100千円　② 204千円　③ 228千円
④ 276千円　⑤ 324千円　⑥ 804千円

第17章 税効果会計

問題編

84 税効果会計（その1）

以下に示した〔資料〕に基づき、税効果会計を適用した場合の×2年度の損益計算書における法人税等調整額の金額として正しいものを一つ選びなさい。なお、実効税率は各年度とも40％とする。

〔資料〕

1．×2年度の貸倒引当金繰入額は12,000千円であるが、税法上の繰入限度額は8,000千円である。×1年度には会計上の貸倒引当金繰入額と税法上の繰入限度額は一致していた。

2．×1年度期首に取得した備品（取得原価80,000千円）の減価償却を定額法（残存価額は取得原価の10％）により行っている。会計上は耐用年数を6年として計算しているが、税法上の耐用年数は8年である。

3．×1年度の賞与引当金繰入限度超過額は10,000千円、×2年度のそれは11,000千円である。なお、×1年度に設定した賞与引当金は×2年度に全額取り崩している。

4．×1年度の退職給付費用損金算入限度超過額は24,000千円であり、×2年度にこのうち4,000千円が認容された。×2年度の退職給付費用損金算入限度超過額は27,000千円である。

5．×1年度の交際費損金不算入額は2,000千円、×2年度のそれは1,600千円である。

6．×1年度の税引前当期純利益は113,000千円、×2年度のそれは124,000千円である。

① 10,800千円　② 11,200千円　③ 12,400千円　④ 13,040千円
⑤ 14,800千円

85 税効果会計（その２）

次の〔資料〕に基づき、当期の法人税等調整額として、正しい金額の番号を一つ選びなさい。千円未満の端数は四捨五入すること。

〔資料〕

1．一時差異等に関する資料

(1) 棚卸資産

前期末において会計上の簿価は5,750千円、税務上の金額は6,900千円であった。当期末において会計上の簿価と税務上の金額はそれぞれ4,500千円であった。

(2) 貸倒引当金

前期末における会計上の簿価は3,150千円、当期末における会計上の簿価は4,200千円であった。税務上の金額はいずれの期末においても０である。

(3) 有形固定資産

前期首において取得した有形固定資産（取得原価36,750千円）について、減価償却方法は定額法、残存価額は０として減価償却を行うが、耐用年数を会計上は５年、税務上は７年としている。なお、取得原価のうち14,000千円は補助金を充当しており、この部分について積立金方式による圧縮記帳を行っている。

(4) 退職給付引当金

前期末における会計上の簿価は10,500千円、当期末における会計上の簿価は11,550千円であった。税務上の金額はいずれの期末においても０である。

(5) その他有価証券

前期末において会計上の簿価（当該時点における時価）は12,075千円、税務上の金額は10,500千円であった。当期末における会計上の簿価（当該時点における時価）は9,975千円、税務上の金額は11,025千円であった。

2．永久差異に関する資料

前期において1,400千円、当期において2,900千円の交際費を支出したが、税務上は当該支出額を損金に算入することは認められない。

3．税率に関する資料

法定実効税率は、前期については40％であったが、当期において税法を改正するための法律が国会で成立し、翌期以後開始する事業年度の法定実効税率は36％となった。

① 462千円　② 1,622千円　③ 2,122千円

④ 2,672千円　⑤ 3,980千円　⑥ 6,298千円

86 連結税効果

次の〔資料〕に基づき、×3年度期末のＰ社の連結貸借対照表に計上される繰延税金資産の金額として最も適切なものの番号を一つ選びなさい。

〔資料〕

1．Ｐ社は、×1年度に、S1社の発行済株式総数の70％を、S2社の発行済株式総数の60％を取得し、子会社とした。当該取得に際して、資本連結手続上、各社の資産および負債を支配獲得時の時価をもって評価した結果、S1社が保有する土地について8,000千円の含み損が、S2社が保有する土地について16,000千円の含み益があった。各社とも、×3年度期末において当該土地を引き続き保有している。

2．各社において適用される法人税等の実効税率は、Ｐ社が36％、S1社が35％、S2社が32％である。

3．Ｐ社は、×3年度に原価18,000千円の商品を売価24,000千円でS1社に対して販売し、また、原価25,000千円の商品を売価30,000千円でS2社に対して販売した。S1社およびS2社は×3年度期末において当該商品を保有している。

4．Ｐ社は、×3年度期末において、S1社に対する売上債権について600千円の貸倒引当金を、また、S2社に対する売上債権について750千円の貸倒引当金を設定している。

5．S2社は、×3年度期末に、帳簿価額65,000千円の建物を売却価額80,000千円でＰ社に対して売却した。

6．解答に際しては、本問に示されていること以外は考慮しない。

① 3,474千円　② 5,730千円　③ 5,954千円
④ 6,050千円　⑤ 6,274千円　⑥ 11,560千円

87 税効果会計（まとめ）

次のア～エの税効果の仕訳（単位：千円）について、正しいものには○、誤っているものには×を付すとき、正しい組み合わせの番号を一つ選びなさい。なお、法定実効税率は従来より40％とする。また、端数が生じる場合は千円未満を四捨五入すること。

ア．当期末の親会社の子会社に対する売上債権残高は1,542,500千円である。なお、親会社の貸倒引当金は、売上債権に対して２％設定している。また、個別財務諸表上、税務上と会計上とで貸倒引当金に係る一時差異は生じていない。

（法人税等調整額） 12,340　　（繰延税金負債） 12,340

イ．当期首まで保有していた建物（取得原価：7,120,000千円）が、14年間使用後火災にあった。当該建物には、保険をかけており、保険会社から4,179,600千円を受け取った。当期末、当該建物の代わりとして建物5,000,000千円を取得した（翌日から使用開始）。なお、当社は保険差益全額について、積立金方式による圧縮記帳を行っている。

また、焼失建物の減価償却方法は定額法、残存価額：取得原価の10％、耐用年数：30年である。

（法人税等調整額） 20,000　　（繰延税金負債） 20,000

ウ．当期末、親会社は、子会社に対して機械装置（帳簿価額:64,000千円）を69,500千円で売却した（子会社は翌期より使用している）。なお、機械装置の減価償却方法は定額法、残存価額：取得原価の10％、耐用年数：５年である。

（繰延税金資産） 2,200　　（法人税等調整額） 2,200

エ．建物（取得原価：8,000,000千円、残存価額：取得原価の10％）について、会計上は定率法による耐用年数50年（0.045）で減価償却を行っているが、税務上は定額法による耐用年数50年で減価償却を行っている。なお、事業の用に供して当期末で44年が経過している。

（繰延税金資産） 37,716　　（法人税等調整額） 37,716

	ア	イ	ウ	エ
①	○	○	×	○
②	○	×	○	×
③	×	○	×	○
④	○	×	×	×
⑤	○	○	○	×

第18章 キャッシュ・フロー計算書

問題編

88 個別キャッシュ・フロー計算書（その１）

国分寺商店における以下の〔**資料**〕を参照して、(4)キャッシュ・フロー計算書の空欄(ア)、(イ)にあてはまる金額を計算し、その組み合わせとして正しいものを一つ選びなさい。

〔資料〕

(1) 比較貸借対照表

（単位：千円）

借　方	期首	期末	貸　方	期首	期末
現　　金	560	?	買　掛　金	350	400
売　掛　金	480	540	借　入　金	?	350
有価証券	420	?	未払法人税等	120	110
商　　品	350	375	未　払　金	?	40
備　　品	240	213	資　本　金	800	850
			利益剰余金	370	445
	2,050	2,195		2,050	2,195

※　未払金はすべてその他の営業支出に関するものである。

(2) 期中取引

1．有価証券取得　？千円　　2．新規借入　150千円

3．借入金返済　160千円　　4．増資高　　50千円

5．配当金支払高　90千円

(3) 損益計算書

損益計算書	(単位：千円)
売上高	1,800
売上原価	1,125
営業費	355
減価償却費	27
支払利息	18
税引前当期純利益	275
法人税等	110
当期純利益	165

※ 営業費のうち165千円は人件費関連の支出である。

(4) キャッシュ・フロー計算書

キャッシュ・フロー計算書	(単位：千円)
Ⅰ 営業活動によるキャッシュ・フロー	
営業収入	?
商品の仕入支出	?
人件費支出	?
その他の営業支出	?
小計	?
利息の支払額	−18
法人税等の支払額	−120
営業活動によるキャッシュ・フロー	(ア)
Ⅱ 投資活動によるキャッシュ・フロー	
有価証券の取得による支出	?
投資活動によるキャッシュ・フロー	?
Ⅲ 財務活動によるキャッシュ・フロー	
長期借入れによる収入	?
長期借入金の返済による支出	?
株式の発行による収入	?

配当金の支払額	?
財務活動によるキャッシュ・フロー	（　イ　）
Ⅳ　現金および現金同等物増加高	?
Ⅴ　現金および現金同等物期首残高	560
Ⅵ　現金および現金同等物期末残高	?

	(ア)	(イ)
①	117	－50
②	117	50
③	127	－50
④	137	50
⑤	137	－50

89 個別キャッシュ・フロー計算書（その2）

以下の〔**資料**〕に基づいて、当期（×1年4月1日～×2年3月31日）のキャッシュ・フロー計算書における営業活動によるキャッシュ・フローの金額として最も適切なものの番号を一つ選びなさい。

〔**資料Ⅰ**〕

貸借対照表　　　　（単位：千円）

資産	期首	期末	負債・純資産	期首	期末
現金預金	3,600	4,700	買掛金	2,700	3,400
売掛金	4,000	5,300	借入金	12,000	10,000
商品	2,200	2,600	未払利息	――	100
建物	20,000	20,000	未払法人税等	700	1,000
減価償却累計額	△6,000	△7,000	資本金	36,000	36,000
土地	35,000	35,000	利益剰余金	7,400	10,100
合計	58,800	60,600	合計	58,800	60,600

損益計算書		(単位：千円)
売上高		?
売上原価		?
販売費及び一般管理費		
人件費	3,300	
販売促進費	1,200	
減価償却費	1,000	5,500
営業外収益		
受取利息	150	
為替差益	500	650
営業外費用		
支払利息		600
税引前当期純利益		4,500
法人税等		1,800
当期純利益		2,700

〔資料Ⅱ〕

1．受取利息および支払利息は営業活動によるキャッシュ・フローに含める。

2．為替差益のうち200千円は期末現金の換算により生じたものであり、残額は買掛金の決済により生じたものである。

① 1,100千円　② 2,800千円　③ 2,900千円　④ 3,200千円
⑤ 4,700千円　⑥ 4,750千円

90 個別キャッシュ・フロー計算書（その3）

甲社のキャッシュ・フロー計算書の作成に必要な前期末及び当期末の貸借対照表（一部）と当期の損益計算書は次のとおりである。これにより、キャッシュ・フロー計算書（営業活動の区分）を直接法により作成した場合の、営業収入と商品の仕入支出の差額を下記の中から一つ選びなさい。なお、当社は割引料控除後の手取額で営業収入があったものとする方法を採用している。

貸借対照表（一部）（単位：千円）

項目	前期末	当期末
売上債権	900	990
棚卸資産	600	540
前払経費	150	120
仕入債務	600	645

損益計算書　（単位：千円）

借　方	金額	貸　方	金額
売上原価	4,950	売上高	8,455
人件費	1,350		
その他の経費	1,050		
減価償却費	300		
手形売却損	75		
当期純利益	730		
	8,455		8,455

※　期中に商品を750千円で売上げた際に受け取った約束手形を銀行で割引き、割引料75千円が差引かれ、残額の675千円が当座預金に入金された（保証債務は計上しない）。

① 2,715千円　② 3,445千円　③ 3,390千円　④ 1,095千円
⑤ 3,420千円

91 在外子会社のキャッシュ・フロー計算書

次の〔**資料1**〕から〔**資料3**〕に基づき、在外子会社X社（当社は発行済株式の75%を所有）の円換算後のキャッシュ・フロー計算書における「現金及び現金同等物に係る換算差額」として、正しい金額を一つ選びなさい。

〔**資料1**〕　在外子会社X社の外貨建キャッシュ・フロー計算書

キャッシュ・フロー計算書　（単位：千ドル）

Ⅰ	営業活動によるキャッシュ・フロー	41,776
Ⅱ	投資活動によるキャッシュ・フロー	△ 9,250※1
Ⅲ	財務活動によるキャッシュ・フロー	△21,580※2
Ⅳ	現金及び現金同等物の増加額	10,946
Ⅴ	現金及び現金同等物の期首残高	28,540
Ⅵ	現金及び現金同等物の期末残高	39,486

※1　うち親会社に売却した固定資産3,000千ドルが含まれている。

※2　支払配当金が含まれており、親会社は配当金378千ドルを受領している。

〔**資料2**〕　在外子会社X社の邦貨建キャッシュ・フロー計算書

キャッシュ・フロー計算書　（単位：千円）

Ⅰ	営業活動によるキャッシュ・フロー	（　　　）
Ⅱ	投資活動によるキャッシュ・フロー	（　　　）
Ⅲ	財務活動によるキャッシュ・フロー	（　　　）
Ⅳ	現金及び現金同等物に係る換算差額	（　？　）
Ⅴ	現金及び現金同等物の増加額	（　　　）
Ⅵ	現金及び現金同等物の期首残高	（　　　）
Ⅶ	現金及び現金同等物の期末残高	（　　　）

〔**資料3**〕　留意事項

1．解答にあたっての為替相場は以下のとおりである。

前期末決算時　　＄1＝¥120　　当期末決算時　　＄1＝¥135

当期期中平均相場　＄1＝￥127　　固定資産売却時　＄1＝￥121
剰余金の配当時　　＄1＝￥129

2．X社の外貨建キャッシュ・フローの換算については、配当金の支払額を除き、収益・費用の換算方法に準じて、期中平均相場を用いる。また、連結キャッシュ・フロー計算書の作成に際しては、親会社との取引に関して相殺する際に生ずる為替換算差額は、連結修正消去の段階で考慮し処理する。

3．解答にあたっては〔**資料**〕以外のことは無視すること。

① 516,676千円　② 534,172千円　③ 534,424千円
④ 534,676千円　⑤ 535,842千円

92 連結キャッシュ・フロー計算書

P社はS社の発行済株式総数の80%を保有しており、S社を連結子会社として支配している。以下の〔資料1〕及び〔資料2〕に基づき、当期のP社における連結キャッシュ・フロー計算書上の営業活動によるキャッシュ・フローの金額として正しいものを一つ選びなさい。なお、当期は×2年4月1日より始まる1年間である。

〔資料1〕 各社の個別キャッシュ・フロー計算書（営業活動のみ、単位：千円）

1．P社		2．S社	
税引前当期純利益	30,000	税引前当期純利益	12,500
減価償却費	2,000	減価償却費	1,500
貸倒引当金の増加額	750	貸倒引当金の増加額	250
受取配当金	△4,000	受取利息	△200
受取利息	△200	支払利息	250
支払利息	350	車両売却益	△1,000
土地売却益	△2,000	火災損失	3,000
売上債権の増加額	△4,500	売上債権の増加額	△2,000
棚卸資産の減少額	1,000	棚卸資産の増加額	△200
仕入債務の増加額	3,500	仕入債務の増加額	1,000
前払費用の減少額	500	前払費用の増加額	△100
未払費用の増加額	200	未払費用の減少額	△250
小計	27,600	小計	14,750
利息及び配当金の受取額	4,200	利息及び配当金の受取額	200
利息の支払額	△350	利息の支払額	△250
法人税等の支払額	△13,400	法人税等の支払額	△5,000
営業活動によるキャッシュ・フロー	18,050	営業活動によるキャッシュ・フロー	9,700

〔資料２〕 連結会社間の取引

1．Ｐ社は前期よりＳ社に対して商品を販売している（利益率は毎期20％）。なお、当期のＰ社のＳ社に対する売上高は50,000千円であり、Ｓ社における仕入高は49,500千円であった。差額は未達商品であるが、前期において未達商品はなかった。

2．Ｓ社における棚卸資産のうち、Ｐ社より仕入れたものは前期末が3,000千円、当期末が4,000千円である。

3．Ｐ社のＳ社に対する売上債権残高は、前期末時点が4,000千円、当期末時点が5,000千円であった。これ以外に、当期末時点においてＳ社振出の手形のうち、裏書譲渡高が1,000千円、割引高が　？　千円ある。なお、前期において手形の裏書譲渡・割引した事実はない。

4．Ｐ社では当期中においてＳ社から取得した手形（全てＳ社振出）を12,000千円裏書譲渡しており、10,000千円割引している。

5．Ｓ社のＰ社に対する仕入債務残高は、前期末時点が4,000千円、当期末時点が7,000千円であった（未達によるものを除く）。

6．Ｐ社は当期首よりＳ社に対して資金の貸し付けを行っている。なお、貸付条件は貸付金額10,000千円、年利率２％、期間５年、利払日は３月末の年１回である。

7．Ｐ社は当期にＳ社に対して土地（簿価10,000千円）を12,000千円にて売却している。

8．Ｓ社で行われた剰余金の配当は、配当金5,000千円である。

①　20,250千円　　②　22,250千円　　③　23,050千円

④　26,250千円　　⑤　27,750千円

第19章 1株当たり情報

問題編

93 1株当たり当期純利益（その1）

次の〔資料〕に基づき、当社の×6年度（×6年4月1日から×7年3月31日までの365日間）の潜在株式調整後1株当たり当期純利益として、正しい金額の番号を一つ選びなさい。なお、1円未満の金額を四捨五入すること。

〔資料〕

1．×6年度の当期純利益は、62,420千円であった。
2．×6年4月1日の普通株式発行数は10,000株であった。
3．×7年1月1日に自己株式1,000株を1株あたり28,000円で取得し、直ちに消却した。
4．×5年度以前に転換社債型新株予約権付社債を額面金額（25,600千円）で発行しており、その会計処理について一括法を採用している。転換価格は20,000円であり、×6年度末までに権利行使は行われていない。×6年度の損益計算書に計上された当該社債に関する利息の金額は640千円であった。
5．法人税等の法定実効税率は40％である。

① 5,568円　② 5,660円　③ 5,692円　④ 5,716円
⑤ 6,242円　⑥ 6,400円

94 1株当たり当期純利益（その2）

次の〔**資料**〕に基づき、当社の×2年度（×2年４月１日から×3年３月31日までの365日間）の連結財務諸表における潜在株式調整後１株当たり当期純利益の金額として最も適切なものの番号を一つ選びなさい。なお、計算結果に端数が生じる場合、円未満を四捨五入すること。

〔**資料**〕

1．×2年度の連結損益計算書（一部抜粋、単位：円）

税金等調整前当期純利益	1,520,000,000
法人税等	607,961,600
当期純利益	912,038,400
非支配株主に帰属する当期純利益	35,078,400
親会社株主に帰属する当期純利益	876,960,000

2．当社が発行する株式は普通株式のみであり、×2年４月１日における発行済株式数は232,000株であった。

3．当社は、×2年11月６日を払込期日（かつ効力発生日）とする第三者割当増資を行い20,000株を新たに発行し、発行済株式数は252,000株となった。なお、×2年度において、これ以外に発行済株式数の変動は生じていない。

4．当社は、×2年３月１日に新株予約権60,000個を発行した。新株予約権１個の行使により１株が交付され、権利行使価格は１株につき45,000円である。なお、×2年度末までに新株予約権の権利行使は行われていない。

5．当社および当社の子会社・関連会社は、当社が発行した普通株式や新株予約権を取得したことはない。

6．当社の普通株式の×2年度の期中平均株価は54,000円である。

① **2,923円**　② **3,024円**　③ **3,508円**　④ **3,624円**
⑤ **3,648円**　⑥ **3,654円**

第20章 その他

問題編

95 セグメント情報の開示

次の〔資料〕に示される事業セグメントA～Fのうち、報告セグメントとして開示が要求される事業セグメントの組合せとして、最も適切なものの番号を一つ選びなさい。

〔資料〕

1．当社の各事業セグメントの売上高、利益額（損失額）および資産額

（単位：百万円）

事業セグメント	A	B	C	D	E	F	合計
外部顧客への売上高	1,330	6,090	1,500	4,240	1,820	1,020	16,000
セグメント間売上高	420	2,340	——	1,710	——	——	4,470
売上高合計	1,750	8,430	1,500	5,950	1,820	1,020	20,470
利益額（損失額）	490	1,260	(280)	960	250	(100)	2,580
資産額	1,120	6,750	1,300	4,375	1,440	775	15,760

2．報告セグメントとして開示が要求される事業セグメントの判定は量的基準による。ただし、報告セグメントとする事業セグメントを追加して識別する場合、外部顧客への売上高が大きい順に追加して識別する。

① BD　② ABD　③ ABCD
④ ABDE　⑤ ABCDE　⑥ ABCDEF

96 会計上の変更及び誤謬の訂正

次の〔**資料**〕に基づいて、遡及処理が行われた場合、前期（x2年度）の当期純利益に及ぼす影響額として、正しい金額を示す番号を一つ選びなさい。

〔**資料**〕

1．当社は当期（x3年度）より、通常の販売目的で保有する棚卸資産の評価方法を総平均法から先入先出法に変更した。なお、先入先出法を過去の会計年度から遡及適用することは可能である。前会計年度（x2年度）の棚卸資産の増減について、従来の方法である総平均法を適用した場合と先入先出法を遡及適用した場合の金額は以下のとおりである。払出高はすべて販売に対応するものである。

（単位：千円）

	前期 期首残高	前期 仕入高	前期 払出高	前期 期末残高
総平均法（従来の方法）	100	3,000	2,800	300
先入先出法を遡及適用する場合	150	3,000	2,700	450

2．収益性の低下に基づく簿価切下げは考慮しない。

3．遡及処理が行われた場合、税引前の遡及処理額に法定実効税率を乗じた額だけ税金費用に影響を与えることを前提とする。なお、法定実効税率は40％とする。

① **40千円**　② **50千円**　③ **60千円**　④ **100千円**　⑤ **150千円**

97 四半期財務諸表

以下の〔資料〕に基づいて、×1年度（×1年４月１日～×2年３月31日）の第２四半期貸借対照表における未払法人税等の金額として最も適切なものの番号を一つ選びなさい。

〔資料〕

1．当社は、税金費用の計算にあたって、税引前四半期純利益に年間見積実効税率を乗じる方法を採用している。

2．第２四半期累計期間の税引前四半期純利益は235,000千円である。

3．×1年度（年間）の税引前当期純利益は500,000千円、減価償却費の損金不算入は30,000千円、交際費の損金不算入は20,000千円、税額控除は3,000千円と予想される。

4．法定実効税率は40％である。

① 92,590千円　② 94,000千円　③ 96,350千円　④ 97,760千円
⑤ 101,990千円　⑥ 103,400千円

98 総　合

次の〔資料Ⅰ〕～〔資料Ⅲ〕に基づき、x2年度（x2年４月１日からx3年３月31日までの１年間）の期末貸借対照表に計上される資産の金額を計算した場合、以下の選択肢の中で資産の金額が最も小さくなる会計処理方法の組合せの番号を一つ選びなさい。

〔資料Ⅰ〕棚卸資産

1．当社はx2年度より、Ａ商品の販売事業を開始した。x2年度中のＡ商品の受払に係る記録は、次のとおりであった。

日付	摘要	数量（個）	購入（販売）単価（円）
x2年４月15日	仕入	100	22,000
x2年４月30日	仕入	400	24,000
x2年５月15日	売上	150	(45,000)
x2年７月15日	仕入	350	26,000
x2年９月20日	売上	300	(45,000)
x3年１月15日	仕入	200	28,000
x3年２月20日	売上	200	(45,000)

2．期末において、Ａ商品に係る棚卸減耗および収益性の低下を示す事項は存在しない。

3．総平均法は、年度を単位として平均原価を計算する方法による。

〔資料Ⅱ〕長期貸付金

1．当社はx1年４月１日、Ｂ社に対して10,000万円を貸し付けた。当初の契約条件は以下のとおりである。

① 返済期限：x6年３月31日（期限一括返済）

② 約定利子率：年6.0％（毎年３月31日に１年分の利息を後払い）

2．×3年３月31日の利払後にＢ社から契約条件緩和の申し出があり、当社は、利率を年4.0％に引き下げることに合意した(その他の契約条件は変更なし。)。当社は×2年度の期末決算にあたり、この長期貸付金を貸倒懸念債権として認定し、貸倒引当金を設定する（この長期貸付金以外に、Ｂ社に対する債権はない。)。なお、担保であるＢ社の土地の処分見込額は8,000万円であり、さらに残額の40％が回収可能であると判断される。

〔資料Ⅲ〕車両

1．当社は×2年４月１日、営業用Ｃ車両を4,500万円で購入し、ただちに使用を開始している。

2．営業用Ｃ車両の残存価額はゼロ、耐用年数10年、総走行可能距離200,000㎞、当期実際走行距離23,000㎞である。

3．生産高比例法は、総走行可能距離に占める当期実際走行距離を基に計算する。

	棚卸資産	長期貸付金	車両
1．	先入先出法	財務内容評価法	定額法
2．	先入先出法	キャッシュ・フロー見積法	200％定率法
3．	移動平均法	財務内容評価法	生産高比例法
4．	移動平均法	キャッシュ・フロー見積法	定額法
5．	総平均法	財務内容評価法	200％定率法
6．	総平均法	キャッシュ・フロー見積法	生産高比例法

99 連結総合問題（その１）

Ｐ社の連結財務諸表作成に関する次の〔**資料Ⅰ**〕～〔**資料Ⅴ**〕に基づき、**問１**～**問６**に答えなさい。

〔**資料Ⅰ**〕　留意事項

⑴　Ｐ社およびＳ社の会計期間は１年、決算日は毎年３月31日であり、当期は、×3年４月１日から×4年３月31日までである。

⑵　連結財務諸表における税効果会計は、子会社の評価差額、未実現利益の消去および貸倒引当金の調整について適用し、法定実効税率は30％とする。

⑶　のれんは、発生した年度の翌年度から５年間にわたり定額法により償却する。

⑷　計算結果に千円未満の端数が生じる場合には、その端数を四捨五入すること。

〔**資料Ⅱ**〕　Ｓ社株式に関する事項

Ｐ社は、×1年３月31日に、Ｓ社の発行済株式総数の80％を1,800,000千円で取得し、支配を獲得した。その際、付随費用80,000千円を支出しており、個別財務諸表上、Ｓ社株式を取得原価1,880,000千円で計上している。

〔**資料Ⅲ**〕　支配獲得時（×1年３月31日）におけるＳ社の純資産の金額

（単位：千円）

資本金	利益剰余金	合計
800,000	279,000	1,079,000

〔**資料Ⅳ**〕　財務諸表

⑴　要約貸借対照表（×4年３月31日）

（単位：千円）

	Ｐ社	Ｓ社		Ｐ社	Ｓ社
諸資産	9,610,600	3,146,000	諸負債	5,143,600	1,363,000

			資本金	2,000,000	800,000
			利益剰余金	2,467,000	983,000

(2) 要約損益計算書（×3年4月1日～×4年3月31日）

（単位：千円）

	P社	S社
売上高	8,245,000	2,432,000
売上原価	(6,184,000)	(1,324,000)
販売費及び一般管理費	(1,436,750)	(815,600)
営業外損益	36,000	24,000
特別損益	89,750	93,600
法人税、住民税及び事業税	(246,600)	(131,400)
法人税等調整額	21,600	8,400
当期純利益	525,000	287,000

〔資料Ⅴ〕 その他の事項

(1) 土地に関する事項

① 〔資料Ⅳ〕(1)の要約貸借対照表において、簿価と時価との間に重要な差異がある資産および負債は土地のみであり、その金額は次のとおりである。

（単位：千円）

	P社		S社	
	貸借対照表価額	時価	貸借対照表価額	時価
×1年3月31日	1,650,000	1,900,000	750,000	980,000
×2年3月31日	1,650,000	1,960,000	750,000	1,020,000
×3年3月31日	1,650,000	2,080,000	750,000	1,050,000
×4年3月31日	1,320,000	1,760,000	1,210,000	1,550,000

② P社は、×3年8月に、S社に土地（帳簿価額330,000千円）を460,000千円で売却した。S社は、当該土地を事業の用に供し、×4年3月31日現在保

有している。

⑵ 商品に関する事項

① 〔**資料Ⅳ**〕⑴の要約貸借対照表の諸資産に含まれる商品の金額は、次のとおりである。

P社 344,960千円　　　S社 132,600千円

② P社は、商品の一部をS社から仕入れている。〔**資料Ⅳ**〕⑵の要約損益計算書に示されているS社の売上高のうち1,522,800千円はP社に対するものである。

③ S社からP社への商品販売において原価に加算される利益率は、毎期20%である。

④ P社の商品棚卸高に含まれているS社からの仕入分は次のとおりである。

前期末棚卸高 174,000千円　　　当期末棚卸高 198,000千円

当期末棚卸高以外に、P社に到着していない商品（未達商品）が5,400千円ある。

⑶ S社の売掛金に関する事項

S社のP社に対する売掛金は、次のとおりである。

前期末残高 70,000千円　　　当期末残高 80,000千円

当期末残高には未達商品分（〔**資料Ⅴ**〕⑵④）を含む。

⑷ 貸倒引当金に関する事項

P社およびS社はいずれも、毎決算において売掛金の期末残高に対して３%の貸倒引当金を計上している。なお、個別財務諸表上、貸倒引当金に対して繰延税金資産が計上されている。

⑸ 繰延税金資産に関する事項

〔**資料Ⅳ**〕⑴の要約貸借対照表の諸資産に含まれる繰延税金資産の金額は、次のとおりである。

P社 109,395千円　　　S社 43,800千円

問1　当期の連結損益計算書における売上原価の金額として、最も適切なものの番号を一つ選びなさい。

① 5,980,300千円　② 5,984,700千円　③ 5,986,100千円
④ 5,989,200千円　⑤ 5,990,100千円　⑥ 5,995,500千円

問2　当期の連結損益計算書の販売費及び一般管理費の金額として、最も適切なものの番号を一つ選びなさい。

① 2,252,050千円　② 2,252,112千円　③ 2,413,650千円
④ 2,413,812千円　⑤ 2,413,950千円　⑥ 2,429,650千円

問3　当期の連結損益計算書の非支配株主に帰属する当期純利益の金額として、最も適切なものの番号を一つ選びなさい。

① 38,556千円　② 52,990千円　③ 56,672千円
④ 56,756千円　⑤ 58,044千円　⑥ 61,810千円

問4　当期の連結貸借対照表の土地の金額として、最も適切なものの番号を一つ選びなさい。

① 2,500,000千円　② 2,561,000千円　③ 2,630,000千円
④ 2,750,000千円　⑤ 2,880,000千円　⑥ 3,310,000千円

問5　当期の連結貸借対照表の繰延税金資産の金額として、最も適切なものの番号を一つ選びなさい。

① 132,645千円　② 148,395千円　③ 153,195千円
④ 157,845千円　⑤ 158,565千円　⑥ 201,645千円

問6　当期の連結貸借対照表の利益剰余金の金額として、最も適切なものの番号を一つ選びなさい。

① 2,356,760千円　② 2,392,040千円　③ 2,436,760千円
④ 2,447,760千円　⑤ 2,518,360千円　⑥ 2,598,360千円

100 連結総合問題（その2）

P社の連結財務諸表作成に関する次の〔**資料Ⅰ**〕～〔**資料Ⅳ**〕に基づき、**問1**～**問6**に答えなさい。

〔**資料Ⅰ**〕　留意事項

1．P社およびS社の会計期間は1年、決算日は12月31日であり、当期は×3年1月1日から×3年12月31日である。

2．のれんは、認識された翌期から10年間で定額法により償却する。

3．税効果会計については考慮しないこと。

4．計算結果に千円未満の端数が生じる場合には、その端数を四捨五入すること。

〔**資料Ⅱ**〕　P社が保有するS社株式およびS社の純資産

1．×1年12月31日において、P社は、国外のS社の発行済株式総数の80％を4,500千ドルで取得し、S社を子会社とした。同日におけるS社の資本金は3,000千ドル、利益剰余金は2,250千ドルであった。

2．S社は、配当を行っておらず、利益剰余金は、×2年12月31日に2,800千ドル、×3年12月31日に3,600千ドルであった。資本金に変動はない。

〔**資料Ⅲ**〕　当期の財務諸表（単位：P社は千円、S社は千ドル）

1．要約貸借対照表

	P社	S社		P社	S社
諸資産	2,720,000	8,370	諸負債	490,000	1,770
			資本金	1,000,000	3,000
			利益剰余金	1,230,000	3,600

（注）　P社の諸資産の金額にはS社株式が含まれている。

2．要約損益計算書

	P社	S社
売上高	6,000,000	11,250
売上原価	(3,800,000)	(6,750)
販売費及び一般管理費	(1,420,000)	(2,725)
営業外損益	(376,000)	(555)
特別損益	96,000	30
法人税、住民税及び事業税	(180,000)	(450)
当期純利益	320,000	800

〔資料Ⅳ〕 その他

1．土地に関する事項

〔資料Ⅲ〕の要約貸借対照表において、貸借対照表価額と時価との間に重要な差異がある資産および負債は土地のみであり、その金額は次のとおりである。

(単位：P社は千円、S社は千ドル)

	P社		S社	
	貸借対照表価額	時価	貸借対照表価額	時価
x1年12月31日	500,000	540,000	625	700
x2年12月31日		560,000		800
x3年12月31日		600,000		1,000

2．商品に関する事項

(1) P社は、商品の一部をS社から仕入れている。

(2) S社からP社への商品販売における利益率は10%である。

(3) 〔資料Ⅲ〕の要約損益計算書に示されているS社の売上高のうち1,440千ドル（円換算額：153,000千円）はP社に対するものであった。

(4) P社の商品棚卸高に含まれているS社からの仕入れ分は、次のとおりである。

前期末：15,600千円　　当期末：21,500千円

3．建物に関する事項

(1) **〔資料Ⅲ〕**の要約貸借対照表の諸資産に含まれる建物の金額（減価償却累計額控除後の金額）は、次のとおりである。

P社：170,000千円　　S社：525千ドル

(2) P社は、×2年7月1日にS社に建物を240千ドル（同日の為替相場：104円／ドル）で売却した。P社における売却時点の当該建物の帳簿価額は23,400千円であった。S社は、同日から当該建物を事業の用に供し、定額法（取得時における耐用年数の残存期間は20年、残存価額はゼロ、月割計算）により減価償却を行っている。

4．為替相場に関する事項

対ドルの為替相場の推移は、次のとおりである。

（単位：円／ドル）

	期中平均	期末
×1年度	100	102
×2年度	103	105
×3年度	108	110

問1　当期の連結貸借対照表における土地と建物（減価償却累計額控除後）の合計額として、最も適切なものの番号を一つ選びなさい。

① **797,707千円**　② **801,375千円**　③ **801,825千円**
④ **801,975千円**　⑤ **802,707千円**　⑥ **803,307千円**

問2　当期の連結貸借対照表における非支配株主持分の金額として、最も適切なものの番号を一つ選びなさい。

① **136,810千円**　② **144,770千円**　③ **146,131千円**
④ **146,420千円**　⑤ **146,732千円**　⑥ **146,850千円**

問3　当期の連結損益計算書における売上総利益の金額として、最も適切なものの番号を一つ選びなさい。

①　2,677,580千円　②　2,682,890千円　③　2,684,070千円
④　2,685,410千円　⑤　2,686,000千円　⑥　2,686,590千円

問4　当期の連結損益計算書における販売費及び一般管理費の金額として、最も適切なものの番号を一つ選びなさい。

①　1,714,222千円　②　1,715,596千円　③　1,716,766千円
④　1,716,814千円　⑤　1,716,892千円　⑥　1,716,970千円

問5　当期の連結損益計算書における親会社株主に帰属する当期純利益の金額として、最も適切なものの番号を一つ選びなさい。

①　383,365千円　②　384,886千円　③　385,938千円
④　386,016千円　⑤　386,134千円　⑥　388,326千円

問6　当期の連結包括利益計算書におけるその他の包括利益の金額として、最も適切なものの番号を一つ選びなさい。

①　25,812千円　②　30,975千円　③　32,007千円
④　38,440千円　⑤　40,144千円　⑥　49,754千円

解答・解説編

第1章 現金・預金

解答・解説編

1 現金

《解答》 ④

《解説》 （以下、単位：円）

1．決算整理仕訳

(1) 取得時に適切に記帳されているもの

イ．外国通貨（期末換算）

（為替差損益） 16,560 （現　　　金） 16,560

※ 2,760ドル×（@102円－@108円）＝△16,560

ロ．郵便切手

仕　訳　な　し

ハ．小切手

仕　訳　な　し

(2) 未記帳となっているもの

イ．振替貯金払出証書

（現　　　金） 153,360 （○　○　○） 153,360

ロ．配当金領収証

（現　　　金） 259,200 （受取配当金） 259,200

ハ．社債券の利札

（現　　　金） 38,950 （有価証券利息） 38,950

※ 利払日がX３年度決算日以前のもの（支払期日の到来した利札）のみ現金に含まれる。

二．小切手

a．振出人が得意先で、振出日がX３年度決算日以前のもの（他人振出小切手）

（現　　　　金）　808,540　（○　○　○）　808,540

b．振出人が当社で、振出日がX３年度決算日以前のもの（自己振出小切手）

（当 座 預 金）　31,760　（○　○　○）　31,760

(3)　その他

イ．取得した際に、現金として処理をしている収入印紙（誤処理の修正）

（貯　蔵　品）　23,200　（現　　　金）　23,200

ロ．未渡小切手

（当 座 預 金）　75,600　（未　払　金）　75,600

2．解答の金額

本問の資料には現金に該当するものがすべて列挙されていない（例：円通貨の有高が示されていない）という前提であるため、決算整理前残高に決算整理仕訳を加味して算定する。

8,126,370－16,560＋153,360＋259,200＋38,950＋808,540－23,200＝

9,346,660

2　銀行勘定調整表

《解答》　③

《解説》　（以下、単位：千円）

1．当座預金

(1)　当座預金勘定で処理している誤処理の修正

（受 取 手 形）　150　（当 座 預 金）　150

(2)　未取付小切手：仕訳なし

(3)　自己振出小切手回収の誤処理の修正

（当 座 預 金）　200　（現　　　金）　200

※　自己振出小切手200千円の回収は当座預金の増加として処理する。

(4) 未渡小切手

(当座預金)	350	(買掛金)	350
(当座預金)	420	(未払金)	420

(5) 未通知による未記帳

(水道光熱費)	700	(当座預金)	700

(6) 誤記帳の修正

(当座預金)	90	(売上)	90

※ 1,650－1,560＝90

(7) 銀行勘定調整表（□は逆算で算定）

	当座預金勘定残高	銀行残高証明書残高
×13年3月31日現在の残高	4,500	[4,860]
加算：(1)時間外預入	—	450
(3)自己振出小切手回収	200	—
(4)未渡小切手：掛代金支払	350	—
(4)未渡小切手：広告宣伝費支払	420	—
(6)誤記帳の修正	90	—
計	5,560	5,310
減算：(1)誤処理の修正	150	—
(2)未取付小切手	—	600
(5)未通知による未記帳	700	—
修正残高	4,710	4,710

2．定期預金（表示の組替）

（長期性預金）　2,500　（定 期 預 金）　2,500

※　2,000＋500＝2,500（満期日が×14年３月31日を超えるものの合計）

3．貸借対照表に計上される「現金及び預金」の金額

1,000（現金）＋4,710（当座預金）＋1,500（定期預金）＝7,210

3　現金過不足

《解答》　②

《解説》　（単位：円）

1．修正仕訳

（当座預金）	16,000	（買掛金）	16,000
（貯蔵品）	7,800	（租税公課）	7,800
（現金）	8,000	（受取配当金）	8,000

2．現金過不足の算定

（現金過不足）	3,120	（現金）	3,120

※　576,674＋8,000（帳簿残高）－（542,354＋24,200＋8,000＋7,000）（実際有高）＝3,120

3．原因分析

（現金過不足）	500	（営業費）	500

※　3,880－3,380＝500

4．雑損失への振替

（雑損失）	3,620	（現金過不足）	3,620

※　3,120＋500＝3,620

4 現金預金総合

《解答》 ②

《解説》 （単位：千円）

1．前T/B上の現金預金勘定に含まれる現金の金額（□は貸借差額）

現　金

帳簿残高	[55,700]	現金過不足	900※1
		実地残高	59,000※2
支払期日到来済利札	4,200		

※1　300（前T/B現金過不足）＋600（後T/B雑損失）＝900

※2　26,200（硬貨・紙幣）＋15,000（他人振出小切手）＋6,300（為替証書）＋7,300（送金小切手）＋4,200（期限到来済利札）＝59,000

2．前T/B上の現金預金勘定に含まれる当座預金の金額

505,700（前T/B）－55,700（現金）＝450,000

3．銀行残高・企業残高区分調整法による銀行勘定調整表

	当座預金勘定残高	銀行残高証明書残高
12月31日現在	450,000	577,000
加算：未渡小切手	30,000	－
掛代金決済未通知	101,000	－
時間外預入	－	16,000
計	581,000	593,000
減算：電気料金引落未通知	8,000	－
未取付小切手	－	20,000※
修正残高	573,000	573,000

※〔**資料2**〕より、577,000＋16,000＋8,000－30,000－101,000－450,000＝20,000　よって、②が正解となる。

5 当座借越・その他の預金

《解答》　③

《解説》　（単位：千円）

簿記上の預金 ─┬─銀行等の預金
　　　　　　　└─郵便局の貯金

普通預金：預金通帳を用いていつでも自由に預入れ・引出しのできる預金

通知預金：一定の措置期間が定められ、その経過後預金を引出すときに引出金額と引出日をあらかじめ予告することを要する預金

したがって、現金預金（流動資産）の金額は以下のように計算できる。

$$800+971,000+1,900+37,700+4,550+1,600,000+350,000+130,000$$
$$=3,095,950$$

第2章 債権・債務

解答・解説編

6 手　　形

《解答》　②

《解説》　　（以下、単位：千円）

1．期中取引の仕訳

為替手形の振出・決済等に伴う偶発債務の備忘記録については、解答に影響がないため無視する。

	借方科目	金額	貸方科目	金額
(1)	（受取手形）	4,500	（売上）	6,000
	（支払手形）	1,500※		

※　貸借差額

当社宛ての為替手形については、引受けを行った際に支払手形に計上していた。これを裏書譲渡されたため、支払手形を取り消す。

	借方科目	金額	貸方科目	金額
(2)	（受取手形）	4,600※	（受取手形）	4,500
			（受取利息）	100

※　貸方合計

	借方科目	金額	貸方科目	金額
(3)	（買掛金）	2,300	（売掛金）	2,300
(4)	（受取手形）	3,700	（売掛金）	3,700
(5)	（現金預金）	4,850	（受取手形）	5,000※
	（手形売却損）	150		

※　借方合計

	借方科目	金額	貸方科目	金額
(6)	（買掛金）	1,000	（受取手形）	1,000
(7)	（不渡手形）	1,350	（現金預金）	1,350

※　1,000＋350＝1,350

(8)（現　　金　　預　　金）1,800　（受　　取　　手　　形）1,800

2．解答の金額

6,600＋4,500＋4,600－4,500＋3,700－5,000－1,000－1,800＝**7,100**

第3章 有価証券

解答・解説編

7 有価証券の評価（その１）

《解答》　⑥

《解説》　（以下、単位：千円）

１．Ａ社株式

⑴　x1年度末のその他有価証券評価差額金

6,800－6,000＝800

⑵　x2年度末のその他有価証券評価差額金

6,500－6,000＝500

２．Ｂ社株式

⑴　x1年度末のその他有価証券評価差額金

減損処理を行うことから、ゼロ

⑵　x2年度末のその他有価証券評価差額金

減損処理を行った場合には、前期末の時価を当期首の取得原価とする。

よって、1,800－1,400＝400

３．Ｃ社株式

⑴　x1年度末のその他有価証券評価差額金

6,400－7,000＝△600

⑵　x2年度末のその他有価証券評価差額金

5,200－7,000＝△1,800

４．Ｄ社債券

⑴　x1年度末

① 利払日の会計処理

(現　金　預　金) 200※2　(有 価 証 券 利 息) 298※1
(投 資 有 価 証 券) 98※3

※1　9,480×3.14%≒298

※2　10,000×2%＝200

※3　貸借差額

② その他有価証券評価差額金

9,625－(9,480＋98)＝47

(2) x2年度末

① 利払日の会計処理

(現　金　預　金) 200※2　(有 価 証 券 利 息) 301※1
(投 資 有 価 証 券) 101※3

※1　(9,480＋98)×3.14%≒301

※2　10,000×2%＝200

※3　貸借差額

② その他有価証券評価差額金

9,705－(9,480＋98＋101)＝26

5．解答の金額

① x1年度末のその他有価証券評価差額金

800＋△600＋47＝**247**

② x2年度末のその他有価証券評価差額金

500＋400＋△1,800＋26＝△**874**

8 有価証券の評価（その2）

《解答》 ①

《解説》　　(以下、単位：千円)

1．A社株式の売却

（現金預金）	79,365	（有価証券）	76,700
		（有価証券売却益）	2,665※

※　貸借差額

2．B社株式の期末評価

（有価証券評価損益）	2,142	（有価証券）	2,142

※　42,840－44,982＝△2,142

3．C社株式の売却

（現金預金）	89,817	（投資有価証券）	83,811
		（投資有価証券売却益）	6,006※

※　貸借差額

4．D社株式

(1)　配当金の受領

（現金預金）	2,354	（投資有価証券）	2,354

※　その他資本剰余金が原資であるため、配当受領額を対象である有価証券の帳簿価額から減額する。

(2)　期末評価（税効果は無視している）

（投資有価証券）	3,630	（その他有価証券評価差額金）	3,630

※　78,280－(77,004－2,354)＝3,630

5．E社社債の償却原価法

（現金預金）	2,000※2	（有価証券利息）	2,977※1
（投資有価証券）	977※3		

※1　94,800×3.14%≒2,977

※2　100,000×2％＝2,000

※3　貸借差額

6．金融商品に関する損益が損益計算書の税引前当期純利益に与える影響額

2,665－2,142＋6,006＋2,977＝**9,506**
A社株式　B社株式　C社株式　E社社債

第4章 有形固定資産

解答・解説編

9 有形固定資産

《解答》 ①

《解説》 （以下、単位：千円）

1．機械装置

(1) 償却率

1 ÷ 8 年×200％＝0.25

(2) 各期の減価償却費の計算

	期首帳簿価額＊3		調整前償却額＊1		償却保証額＊2
x5年度	200,000		50,000	＞	15,818
x6年度	150,000		37,500	＞	15,818
x7年度	112,500		28,125	＞	15,818
x8年度	84,375		21,094	＞	15,818
x9年度	63,281		15,820	＞	15,818
x10年度	47,461		11,865	＜	15,818

＊1 期首帳簿価額×0.25

＊2 200,000×0.07909

＊3 前期首帳簿価額－前期減価償却費

(3) 当期の減価償却費の計算

上記(2)より、前期（x10年度）から残存年数による均等償却に切り替えている。

よって、前期および当期の減価償却費は、

47,461［改定取得価額］×0.334［改定償却率］≒15,852

⑷　当期末の貸借対照表価額

47,461［改定取得価額］－15,852×２年＝15,757

２．備品

⑴　各期の減価償却費の計算

①　x9年度

126,000×｛(６×３ヶ月／12ヶ月)÷(１＋２＋３＋４＋５＋６)｝＝9,000

②　x10年度

126,000×｛(６×９ヶ月／12ヶ月＋５×３ヶ月／12ヶ月)÷(１＋２＋３＋４＋５＋６)｝＝34,500

③　x11年度

126,000×｛(５×９ヶ月／12ヶ月＋４×３ヶ月／12ヶ月)÷(１＋２＋３＋４＋５＋６)｝＝28,500

⑵　当期末の貸借対照表価額

126,000－9,000－34,500－28,500＝54,000

３．車両

⑴　買替時の処理

（車　両　B）	120,000※３	（車　両　A）	105,000
（減価償却累計額）車両A	35,000※１	（現　金　預　金）	56,000※４
（減　価　償　却　費）車両A	8,750※２	（固定資産売却益）	2,750※５

※１　105,000÷６年×２年＝35,000

※２　105,000÷６年×６ヶ月／12ヶ月＝8,750

※３　126,000（定価）－6,000（値引）［＝70,000（下取価額）－64,000（時価）］＝120,000

※４　126,000－70,000＝56,000

※５　64,000（時価）－61,250（帳簿価額）［＝105,000－35,000－8,750］＝2,750

⑵　当期の車両Bの減価償却費

120,000÷６年×６ヶ月／12ヶ月＝10,000

⑶　当期末の車両Bの貸借対照表価額

120,000－10,000＝110,000

4．土地

(1) 土地X

(土　　　地)	150,000	(土　　　地)	150,000

※　譲渡資産の帳簿価額

> 自己の所有する固定資産（譲渡資産）と交換に同種の有形固定資産を取得した場合、有形固定資産に対する投資がそのまま継続しているとみて、売却損益は認識しない。

(2) 土地Y

(土　　　地)	75,000※1	(有　価　証　券)	70,000
		(有価証券売却損益)	5,000※2

※1　交換時の時価

※2　貸借差額

> 自己の所有する資産（譲渡資産）と交換に異種の有形固定資産を取得した場合、いったん譲渡資産を売却して売却損益を認識するとともに、改めて譲渡資産の時価で取得資産を取得したとみる。

5．解答の金額

15,757＋54,000＋110,000＋150,000＋75,000＝**404,757**

10 リース取引（その1）

《解答》　①

《解説》　（単位：千円）

1．リース資産・リース債務の計上額の算定

・リース料総額の割引現在価値

$70{,}073 \div (1+0.031) + 70{,}073 \div (1+0.031)^2 + 70{,}073 \div (1+0.031)^3 +$

$70{,}073 \div (1+0.031)^4 + 70{,}073 \div (1+0.031)^5 \fallingdotseq 320{,}000$

∴　320,000＜330,000より、リース資産・リース債務の計上額は320,000となる。
　割引現在価値 見積現金購入価額

2．リース債務の返済スケジュール

支払日	期首残高	支出額	利息相当額(＊1)	元本返済額(＊2)	期末残高(＊3)
×14/3/31	320,000	70,073	9,920	60,153	259,847
×15/3/31	259,847	70,073	8,055	62,018	197,829
×16/3/31	197,829	70,073	6,133	63,940	133,889
×17/3/31	133,889	70,073	4,151	65,922	67,967
×18/3/31	67,967	70,073	2,106	67,967	0

＊1　期首残高×3.1％
＊2　支出額－＊1
＊3　期首残高－＊2
　（なお、端数の調整は、最終のリース料支払時に行っている。）
　よって、当期末（×15/12/31）における一年以内返済予定リース債務の金額は、63,940となる。

3．当期末の備品減価償却累計額

$$320{,}000 \times 0.9 \times \frac{1\text{年}}{8\text{年}} \times \frac{33\text{ヶ月}\ (\times 13/4/1 \sim \times 15/12/31)}{12\text{ヶ月}} = 99{,}000$$

よって、(A)一年以内返済予定リース債務が63,940、(B)備品減価償却累計額が99,000となり、①が正解となる。

11　リース取引（その2）

《解答》　②

《解説》　（以下、単位：千円）

1．リース取引開始日（×1年4月1日）におけるリース資産及びリース債務の計上金額

本問のリース取引は、所有権移転外ファイナンス・リース取引に該当する。

貸手の現金購入価額と貸手の計算利子率が明らかでないため、借手の見積現金購入価額と借手の追加借入利子率によるリース料総額の割引現在価値のうち

いずれか低い額をリース資産及びリース債務の計上金額とする。

(1) 借手の見積現金購入価額：30,000

(2) 借手の追加借入利子率によるリース料総額の割引現在価値：29,800

∴ (1)>(2)より、リース資産及びリース債務の計上金額は29,800

したがって、当該リース取引において６％を適用利率として用いる。

2．リース料の金額の推定

利息相当額を定額法で会計処理する場合、毎回のリース料のうち、利息分は1,150であることから、以下の方程式が成立する。(年額リース料をXとする)

(X－1,150)×４回＝29,800　∴　X＝8,600

なお、利息相当額を定額法で会計処理する場合のリース債務の返済スケジュール表は以下のとおり。

返済日	返済前元本	支払リース料	利息分	元本分※1	返済後元本※2
x2年３月31日	29,800	8,600	1,150	7,450	22,350
x3年３月31日	22,350	8,600	1,150	7,450	14,900
x4年３月31日	14,900	8,600	1,150	7,450	7,450
x5年３月31日	7,450	8,600	1,150	7,450	0
計	—	34,400	4,600	29,800	—

※１　支払リース料－利息分

※２　返済前元本－元本分

3．利息相当額を利息法で会計処理する場合

(1) リース料支払日（x2年３月31日）の会計処理

(支　払　利　息) 1,788※１(現　金　預　金) 8,600

(リ　ー　ス　債　務) 6,812※２

※１　29,800×６％＝1,788

※２　貸借差額

(2) 解答の金額

29,800－6,812＝**22,988**

12 リース取引（その3）

《解答》 ③

《解説》 （以下、単位：千円）

1．リース物件の売却時（X4年4月1日）

（減価償却累計額） 38,880※1 （有形固定資産） 216,000

（現　金　預　金） 180,000 （長期前受収益） 2,880※2

※1 216,000×0.9÷5年＝38,880

※2 貸借差額

2．リース取引開始日（X4年4月1日）におけるリース資産及びリース債務の計上金額

本問のリース取引は、所有権移転外ファイナンス・リース取引に該当する。貸手の現金購入価額と貸手の計算利子率が明らかであるため、貸手の現金購入価額と貸手の計算利子率によるリース料総額の割引現在価値のうちいずれか低い額をリース資産及びリース債務の計上金額とする。

① 貸手の現金購入価額（売却価額）：180,000

② 貸手の計算利子率によるリース料総額の割引現在価値：

$46,080 \div 1.0285 + 46,080 \div 1.0285^2 + 46,080 \div 1.0285^3 + 46,080 \div 1.0285^4 \fallingdotseq 171,900$

∴ ①＞②より、リース資産及びリース債務の計上金額は171,900

3．X5年3月31日における会計処理

(1) リース料の支払い

（リ　ー　ス　債　務） 41,181 （現　金　預　金） 46,080

（支　払　利　息） 4,899

※ 下記【リース債務の返済スケジュール表】参照

(2) 決算整理仕訳

（減　価　償　却　費） 42,975※1 （減価償却累計額） 42,975

（長期前受収益） 720※2 （減　価　償　却　費） 720

※1 171,900÷4年＝42,975

所有権移転外ファイナンス・リース取引のため、残存価額はゼロ、

耐用年数はリース期間とする。

※2　2,880÷4年＝720

リース資産の減価償却費の割合に応じた額（定額法の場合は耐用年数で除した額）を減価償却費に加減して損益に計上する。

【リース債務の返済スケジュール表】（利率：年2.85%）

返済日	返済前元本	支払リース料	利息分※1	元本分※2	返済後元本※3
x5年3月31日	171,900	46,080	4,899	41,181	130,719
x6年3月31日	130,719	46,080	3,725	42,355	88,364
x7年3月31日	88,364	46,080	2,518	43,562	44,802
x8年3月31日	44,802	46,080	1,278	44,802	0

※1　返済前元本×2.85%（端数は最終年度に調整している）

※2　支払リース料－利息分

※3　返済前元本－元本分

4．解答の金額

4,899＋42,975－720＝**47,154**

13 リース取引（その4）

《解答》　②

《解説》　（以下、単位：千円）

1．リース資産およびリース債務の計上価額

貸手の現金購入価額と計算利子率が明らかではないため、追加借入利子率によるリース料総額の割引現在価値と借手の見積現金購入価額のうち低い額をリース資産およびリース債務の計上価額とする。

①　追加借入利子率によるリース料総額の割引現在価値

(3,200－150－50)×3ヶ月×11.045＝99,405

②　借手の見積現金購入価額：98,172

③　①＞②　したがって、リース資産およびリース債務の計上価額は98,172となる。なお、(3,200－150－50)×3ヶ月×10.908＝98,172のため、借手の見積現金購入価額に対応する利率は年6％である。

2．解答の金額

当期末のリース債務は、以下の算式から算定することができる。

(3,200－150－50)× 3 ヶ月 ×7.486＝**67,374**

14 リース取引（その５）

《解答》 ④

《解説》　（以下、単位：千円）

1．貸手の会計処理等

(1) リース投資資産の回収スケジュール（利率：3.28％）

回収日	期首元本	リース料	利息分＊1	元本分＊2	期末元本＊3
×2年３月31日	26,520	5,500	870	4,630	21,890
×3年３月31日	21,890	5,500	718	4,782	17,108
×4年３月31日	17,108	5,500	561	4,939	12,169
×5年３月31日	12,169	5,500	399	5,101	7,068
×6年３月31日	7,068	5,500	232	5,268	1,800
合計	—	27,500	2,780	24,720	—

＊１　期首元本×利率
＊２　リース料－利息分
＊３　期首元本－元本分

(2) 会計処理

貸手の会計処理として３つの方法があるが、便宜上、リース料受取時に売上高と売上原価を計上する方法により示す。（どの方法によっても解答の金額は異ならない。）

① ×1年４月１日

（リース投資資産）　26,520　　（現　金　預　金）　26,520

※　貸手の現金購入価額

② ×2年３月31日

（現　金　預　金）　5,500　　（売　　上　　高）　5,500
（売　上　原　価）　4,630　　（リース投資資産）　4,630※

※　5,500－26,520×3.28％≒4,630

2．借手の会計処理等

(1)　リース取引開始日におけるリース資産及びリース債務の計上金額

本問のリース取引は、所有権移転外ファイナンス・リース取引に該当する。貸手の現金購入価額と貸手の計算利子率が明らかでないため、借手の見積現金購入価額と借手の追加借入利子率によるリース料総額の割引現在価値のうちいずれか低い額をリース資産及びリース債務の計上金額とする。

①　借手の見積現金購入価額：25,680

②　借手の追加借入利子率によるリース料総額の割引現在価値：5,500×4.5981≒25,290

∴　①＞②より、リース資産及びリース債務の計上金額は25,290であり、当該リース取引において2.86％を適用利率として用いる。

(2)　リース債務の返済スケジュール（利率：2.86％）

返済日	期首元本	リース料	利息分＊1	元本分＊2	期末元本＊3
×2年3月31日	25,290	5,500	723	4,777	20,513
×3年3月31日	20,513	5,500	587	4,913	15,600
×4年3月31日	15,600	5,500	446	5,054	10,546
×5年3月31日	10,546	5,500	302	5,198	5,348
×6年3月31日	5,348	5,500	152	5,348	0
合計	—	27,500	2,210	25,290	—

＊1　期首元本×利率（端数は最終年度に調整している）
＊2　リース料－利息分
＊3　期首元本－元本分

(3)　会計処理

①　×1年4月1日

（リース資産）25,290　（リース債務）25,290

②　×2年3月31日（リース料の支払い）

（支払利息）723※1　（現金預金）5,500
（リース債務）4,777※2

※1　25,290×2.86％≒723

※2　貸借差額

③　x2年3月31日（減価償却）

（減価償却費）　5,058　　（減価償却累計額）　5,058

※　25,290÷5年＝5,058

3．解答の金額

貸手の利益：5,500－4,630＝**870**（回収スケジュールにおける利息分）

借手の費用：723＋5,058＝**5,781**

15 減損会計（その1）

《解答》　①

《解説》　　　　　　　　　　　　　　　　　　　　　　（以下、単位：千円）

1．機械装置A

(1)　減損損失の認識の判定

機械装置Aの帳簿価額：640,000（$=1,000,000-1,000,000\times0.9\times\frac{2年}{5年}$）

割引前将来キャッシュ・フロー：530,000（＝150,000×（5年－2年）＋80,000）
（5年－2年：残存耐用年数）

∴　帳簿価額＞割引前将来キャッシュ・フロー　→減損処理を行う

(2)　回収可能価額

使用価値：477,594（$\fallingdotseq 150,000\div1.05+150,000\div1.05^2+150,000\div1.05^3+80,000\div1.05^3$）

正味売却価額：500,000

∴　回収可能価額：500,000（477,594＜500,000）

(3)　減損損失の金額

640,000－500,000＝140,000

2．機械装置B

(1)　減損損失の認識の判定

機械装置Bの帳簿価額：530,000（$=800,000-800,000\times0.9\times\frac{3年}{8年}$）

割引前将来キャッシュ・フロー：560,000（＝100,000×（8年－3年）＋
（8年－3年：残存耐用年数）

60,000)

∴　帳簿価額＜割引前将来キャッシュ・フロー　→減損処理不要

3．機械装置C

(1)　減損損失の認識の判定

機械装置Cの帳簿価額：690,000（$=1,500,000-1,500,000\times 0.9\times\frac{6年}{10年}$）

割引前将来キャッシュ・フロー：680,000（$=170,000\times(\underbrace{10年-6年}_{残存耐用年数})+0$）

∴　帳簿価額＞割引前将来キャッシュ・フロー　→減損処理を行う

(2)　回収可能価額

使用価値：602,812（$\fallingdotseq 170,000\div 1.05+170,000\div 1.05^2+170,000\div 1.05^3+170,000\div 1.05^4$）

正味売却価額：595,000（=610,000－15,000）

∴　回収可能価額：602,812（602,812＞595,000）

(3)　減損損失の金額

690,000－602,812＝87,188

以上より、減損損失の金額は、140,000＋87,188＝227,188

16　減損会計（その2）

《解答》　②

《解説》　（以下、単位：千円）

1．減損損失の認識の判定

(1)　帳簿価額

建物Y：16,000－16,000×0.9×5年／20年＝12,400

機械Z：9,000－9,000×0.9×5年／12年＝5,625

∴　12,400＋5,625＝18,025

(2)　割引前将来キャッシュ・フロー

$\underbrace{1,350\times 15年}_{毎年生じるCF}+\underbrace{900}_{機械Z処分}-\underbrace{9,000}_{機械Z再調達}+(\underbrace{1,600+2,400}_{X36年正味売却価額})=16,150$

(3)　判定

18,025＞16,150　　∴　減損損失を認識する。

2．減損損失の測定

⑴　回収可能価額

①　使用価値：

$$\underbrace{1,350\times10.380}_{\text{毎年生じるCF}}+\underbrace{(900-9,000)}_{\text{機械Z処分および再調達}}\times0.711+\underbrace{(1,600+2,400)}_{\text{X36年正味売却価額}}\times0.481\fallingdotseq10,178$$

②　正味売却価額：

5,600＋4,200＝9,800

③　回収可能価額：

10,178＞9,800　　∴　10,178

⑵　減損損失の金額

18,025－10,178＝7,847

17 減損会計（その３）

《解答》　③

《解説》　（以下、単位：千円）

1．将来キャッシュ・フローの図解

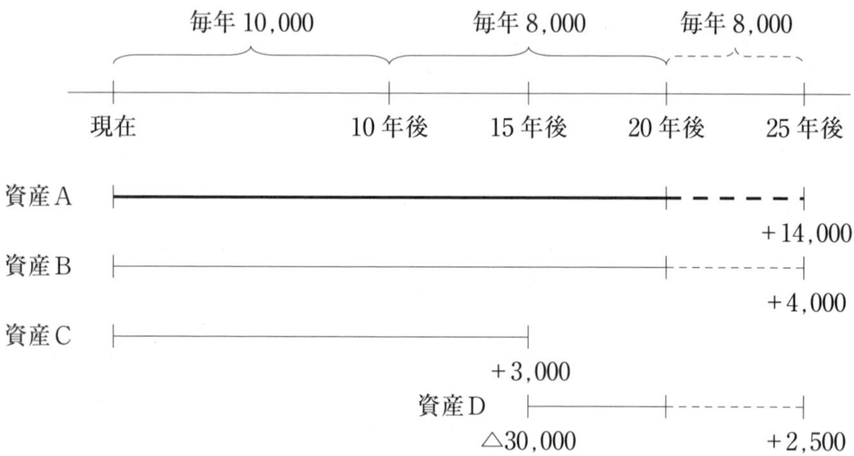

2．解答の金額

(1) 20年目までに生じるキャッシュ・フロー

10,000×10年＋8,000×10年＋3,000－30,000＝153,000

(2) 21年目～25年目のキャッシュ・フローの20年目における回収可能価額

8,000×4.4518＋(14,000＋4,000＋2,500)×0.8219≒52,463

(3) 合計

153,000＋52,463＝**205,463**

18 減損会計（その4）

《解答》 ①

《解説》 （以下、単位：千円）

1．原則法

(1) 資産グループA：減損の兆候は見られないため、減損処理の必要はない。

(2) 資産グループB：減損の兆候が見られ、帳簿価額＞割引前将来キャッシュ・フローであるため、減損処理を行う。

4,300－2,900＝1,400

(3) 資産グループC：減損の兆候が見られ、帳簿価額＞割引前将来キャッシュ・フローであるため、減損処理を行う。

51,600－40,000＝11,600

(4) のれん

① 甲事業ののれん帳簿価額

60,000×90,000÷(90,000＋60,000)＝36,000

② のれんを含む、より大きな単位の減損損失の認識

30,100＋4,300＋51,600＋36,000＝122,000

122,000（帳簿価額）＞90,550（割引前将来キャッシュ・フロー）

122,000（帳簿価額）－84,675（回収可能価額）＝37,325

③ のれんへの配分額

37,325－1,400－11,600＝24,325

のれんを加える事によって算定される減損損失の増加額は、原則として、のれんに配分する。

2．例外法

(1) のれん配分後の各資産グループの帳簿価額

資産グループA：$30{,}100+36{,}000\times\dfrac{30{,}100}{30{,}100+4{,}300+51{,}600}=42{,}700$

資産グループB：$4{,}300+36{,}000\times\dfrac{4{,}300}{30{,}100+4{,}300+51{,}600}=6{,}100$

資産グループC：$51{,}600+36{,}000\times\dfrac{51{,}600}{30{,}100+4{,}300+51{,}600}=73{,}200$

(2) 減損損失の認識の判定及び測定

資産グループA：減損の兆候がみられないため、減損処理の必要はない。

資産グループB：減損の兆候が見られ、帳簿価額＞割引前将来キャッシュ・フローであるため、減損処理を行う。

$6{,}100-2{,}900=3{,}200$

資産グループC：減損の兆候が見られ、帳簿価額＞割引前将来キャッシュ・フローであるため、減損処理を行う。

$73{,}200-40{,}000=33{,}200$

なお、のれんの帳簿価額を配分した各資産グループにおいて認識された減損損失は、のれんに優先的に配分し、残額は当該資産グループの各構成資産に配分する。よって、下記の表のように配分される事になる。

	減損損失額	のれんへの減損損失配分額	その他の資産への配分額
資産グループB	3,200	1,800	1,400
資産グループC	33,200	21,600	11,600
合　計	36,400	23,400	13,000

以上より、原則法におけるのれんに配分される減損損失の金額（24,325）＋例外法におけるのれんに配分される減損損失の金額（23,400）＝47,725

19 資産除去債務（その１）

《解答》　④

《解説》　（以下、単位：千円）

1．×1年4月1日

（設　　　　備）	570,517※2	（現　金　預　金）	500,000
		（資 産 除 去 債 務）	70,517※1

※1　$90,000 \div 1.05^{5} \fallingdotseq 70,517$

※2　貸方合計

2．×2年3月31日

(1)　時の経過による資産除去債務の増加

（利　息　費　用）	3,526	（資 産 除 去 債 務）	3,526

※　70,517×5％≒3,526

(2)　設備と資産計上した除去費用の減価償却

（減 価 償 却 費）	114,103	（減価償却累計額）	114,103

※　570,517÷5年≒114,103

3．×3年3月31日

(1)　時の経過による資産除去債務の増加

（利　息　費　用）	3,702	（資 産 除 去 債 務）	3,702

※　(70,517＋3,526)×5％≒3,702

(2)　設備と資産計上した除去費用の減価償却

（減 価 償 却 費）	114,103	（減価償却累計額）	114,103

※　570,517÷5年≒114,103

(3)　将来キャッシュ・フローの見積額の増加による資産除去債務の調整

（設　　　　備）	26,289	（資 産 除 去 債 務）	26,289

※　$(120,000 - 90,000) \div 1.045^{3} \fallingdotseq 26,289$

4．×4年3月31日

(1)　時の経過による資産除去債務の増加

（利　息　費　用）	5,072	（資 産 除 去 債 務）	5,072

※　(70,517＋3,526＋3,702＋26,289)×4.875％（注)≒5,072

（注）　5％×90,000／120,000＋4.5％×(120,000－90,000)／120,000＝4.875％

⑵　設備と資産計上した除去費用の減価償却

（減価償却費）　122,866　（減価償却累計額）　122,866

※　570,517÷5年＋26,289÷3年≒122,866

⑶　将来キャッシュ・フローの見積額の減少による資産除去債務の調整

（資産除去債務）　45,462　（設　備）　45,462

※　$70{,}000 \div 1.04875^2$－(70,517 ＋ 3,526 ＋ 3,702 ＋ 26,289 ＋ 5,072)≒－45,462

5．×5年3月31日

⑴　時の経過による資産除去債務の増加

（利息費用）　3,103　（資産除去債務）　3,103

※　(70,517＋3,526＋3,702＋26,289＋5,072－45,462)×4.875％≒3,103

⑵　設備と資産計上した除去費用の減価償却

（減価償却費）　100,135　（減価償却累計額）　100,135

※　570,517÷5年＋26,289÷3年－45,462÷2年≒100,135

6．×6年3月31日

⑴　時の経過による資産除去債務の増加

（利息費用）　3,253　（資産除去債務）　3,253

※　(70,517＋3,526＋3,702＋26,289＋5,072－45,462＋3,103)×4.875％≒3,253（最終年度で端数処理調整)

⑵　設備と資産計上した除去費用の減価償却

（減価償却費）　100,137　（減価償却累計額）　100,137

※　570,517÷5年＋26,289÷3年－45,462÷2年≒100,137（最終年度で端数処理調整)

⑶　設備の除去及び資産除去債務の履行

（減価償却累計額）　551,344※2　（設　備）　551,344※1

（資産除去債務）　70,000※3　（現金預金）　70,000

※1　570,517＋26,289－45,462＝551,344

※2　114,103＋114,103＋122,866＋100,135＋100,137＝551,344

※3　70,517＋3,526＋3,702＋26,289＋5,072－45,462＋3,103＋3,253＝70,000

7．×5年3月31日における資産除去債務の金額

×5年3月31日までの資産除去債務の仕訳の合計となるので、上記仕訳の下線が引かれている資産除去債務の金額の合計が答えとなる。

70,517＋3,526＋3,702＋26,289＋5,072－45,462＋3,103＝66,747

20 資産除去債務（その2）

《解答》　④

《解説》　（単位：千円）

1．10年後に生ずる除去費用の算定

(1)　現在の物価水準に基づく支出額

1,000×10％＋1,500×20％＋2,200×40％＋2,400×30％＝2,000

(2)　インフレ率考慮後の支出額

2,000×（1＋3％）^{10}≒2,688

2．当期の貸借対照表に計上される資産除去債務の算定

2,688÷（1＋4％）^{9}≒1,889

第5章 無形固定資産・繰延資産

解答・解説編

21 ソフトウェア（その1）

《解答》 ④

《解説》 （以下、単位：億円）

1．研究開発費

⑴ 当期の研究開発要員の給料：5

⑵ 特定の研究開発目的にのみ使用される機械装置：20

特定の研究開発目的にのみ使用され、他の目的に使用できない機械装置や特許権等を取得した場合の原価は、取得時の研究開発費とする。

⑶ 研究開発目的のソフトウェア制作費：30

⑷ 市場販売目的のソフトウェアに係る最初に製品化された製品マスターの制作費：38

⑸ 市場販売目的のソフトウェアに係る製品マスターの著しい改良に要した費用：26

⑹ ⑴＋⑵＋⑶＋⑷＋⑸＝119

2．その他発生時の費用

⑴ ソフトウェアのバグ取り費用：3

⑵ 収益獲得又は費用削減が確実であると認められない自社利用のソフトウェア制作費：16－10＝6

⑶ ⑴＋⑵＝9

3．無形固定資産

⑴ 市場販売目的のソフトウェアに係る製品マスターの機能の改良費：36

・減価償却：① 36×1,000千個÷(1,000千個＋600千個＋400千個)＝18

② 36÷３年＝12

③ ①＞② ∴18

⑵ 将来の費用削減が確実であると認められる自社利用のソフトウェア制作費：10

・減価償却：10÷５年＝２

⑶ ⑴＋⑵＝20

4．繰延資産

⑴ 新しい市場開拓に係る支出：25

①新技術又は新経営組織の採用、②資源の開発、③市場の開拓等のために支出した費用は開発費として扱う。開発費は、原則として、支出時に費用として処理するが繰延資産に計上することができる。この場合には、支出のときから５年以内のその効果が及ぶ期間にわたって、定額法その他合理的な方法により規則的に償却しなければならない。

⑵ 償却額：25÷５年＝５

5．解答の金額

119＋９＋20＋５＝153

22 ソフトウェア（その２）

《解答》 ②

《解説》 （以下、単位：千円）

1．償却額の計算

⑴ ×1年度の償却額

① 見込販売数量に基づく償却額

36,750×3,640個／(3,640個＋2,185個＋2,575個)＝15,925

② 残存有効期間に基づく均等配分額

36,750÷３年＝12,250

③ ×1年度の償却額

①＞②より、15,925

⑵ ×2年度の償却額

① 見込販売数量に基づく償却額

(36,750－15,925)×2,185個／(2,185個＋2,575個)≒9,559

② 残存有効期間に基づく均等配分額

(36,750－15,925)÷２年≒10,413

③ ×2年度の償却額

①<②より、10,413

(3) ×2年度の減損処理

① 未償却残高

36,750－15,925－10,413＝10,412

② 翌期以降の見込販売収益

@4,000円×2,575個＝10,300

よって、差額112［＝10,412－10,300］を一時の費用または損失とする。

２．解答の金額

36,750－15,925－10,413－112＝**10,300**

23 無形固定資産

《解答》 ①

《解説》 （以下、単位：千円）

① のれん

（借方） のれん償却額 18,750 （貸方） の れ ん 18,750

※1 187,500（※２）÷10年（定額償却）＝18,750

※2 387,500－（500,000－300,000）＝187,500

② 特許権

（借方） 特許権償却 1,500 （貸方） 特 許 権 1,500

※ $9,500\times\frac{12ヶ月（×6/4〜×7/3）}{76ヶ月（×6/4〜×12/7）}$ ＝1,500

③ ソフトウェア

（借方） ソフトウェア償却 40,000 （貸方） ソフトウェア40,000

※　120,000÷３年＝40,000

無形固定資産償却額合計18,750＋1,500＋40,000＝60,250

24 繰延資産

《解答》　④

《解説》　（以下、単位：千円）

解答に関する取引のみ仕訳を示す。

１．株式交付費の支出

（株式交付費）	900,000	（現金預金）	900,000

なお、株式交付費は、原則として、支出時に費用（営業外費用）として処理する。

２．社債発行費及び社債利息

⑴　社債発行時

（社債発行費）	500,000	（現金預金）	500,000

⑵　利払日

（社債利息）	400,000	（現金預金）	400,000

※　20,000,000×２％＝400,000

⑶　決算手続

（社債発行費償却）	100,000	（社債発行費）	100,000

※　500,000÷５年＝100,000

３．開発費の支出

（開発費）	300,000	（現金預金）	300,000

なお、開発費は、原則として、支出時に費用（売上原価又は販売費及び一般管理費）として処理する。

４．営業外費用の集計

900,000＋100,000＋400,000＝1,400,000

第 6 章 社債・新株予約権

解答・解説編

25 社　　債（その1）

《解答》 ⑤

《解説》 （以下、単位：千円）

1．解法

本問で問われているのは「社債償還損益」のみである。したがって、額面15,000［＝50,000×30％］についてのみ考慮すればよい。

2．会計処理

⑴ X1年4月1日（発行日）

（現金預金）	12,921	（社　　債）	12,921

※ 15,000×@86.14円／@100円＝12,921

⑵ X2年3月31日（前期利払日・決算日）

（社債利息）	775※1	（現金預金）	300※2
		（社　　債）	475※3

※1 12,921×6％≒775

※2 15,000×2％＝300

※3 貸借差額

⑶ X2年8月31日（買入償還日）

① 償却原価法の適用および端数利息の支払い

（社債利息）	335※1	（現金預金）	125※2
		（社　　債）	210※3

※1 （12,921＋475）×6％×5ヶ月／12ヶ月≒335

※２　15,000×２％×５ヶ月/12ヶ月＝125［端数利息］

※３　貸借差額

② 買入償還

（社　　　債）	13,606※１	（現 金 預 金）	13,561※２
		（社債償還益）	45※３

※１　X２年８月31日時点の償却原価：12,921＋475＋210＝13,606

※２　15,000×@91.24円／@100円－125［端数利息］＝13,561［裸相場］

※３　貸借差額

26 社　　債（その２）

《解答》　④

《解説》　（以下、単位：千円））

１．利息および元本の支払いスケジュール

	×2年３月	×3年３月	×4年３月	×5年３月	×6年３月	×7年３月
×3年３月償還分	5,000	5,000 200,000	——	——	——	——
×4年３月償還分	5,000	5,000	5,000 200,000	——	——	——
×5年３月償還分	5,000	5,000	5,000	5,000 200,000	——	——
×6年３月償還分	5,000	5,000	5,000	5,000	5,000 200,000	——
×7年３月償還分	5,000	5,000	5,000	5,000	5,000	5,000 200,000

※　額面200,000当たりの約定利息：200,000×2.5％＝5,000

２．会計処理

(1)　×1年４月１日

（現 金 預 金）	953,000	（社　　　債）	953,000

※　1,000,000×@95.3円／@100円＝953,000

(2)　×2年3月31日

(社 債 利 息)	36,214※1	(現 金 預 金)	25,000※2
		(社　　　債)	11,214※3

※1　953,000×3.8%＝36,214

※2　1,000,000×2.5%＝25,000

※3　貸借差額

(3)　×3年3月31日

①　利息の支払いおよび償却原価法の適用

(社 債 利 息)	36,640※1	(現 金 預 金)	25,000※2
		(社　　　債)	11,640※3

※1　(953,000＋11,214)×3.8%≒36,640

※2　1,000,000×2.5%＝25,000

※3　貸借差額

②　償還

(社　　　債)	200,000	(現 金 預 金)	200,000

(4)　×4年3月31日

①　利息の支払いおよび償却原価法の適用

(社 債 利 息)	**29,482**※1	(現 金 預 金)	20,000※2
		(社　　　債)	9,482※3

※1　(953,000＋11,214＋11,640－200,000)×3.8%≒29,482

※2　(1,000,000－200,000)×2.5%＝20,000

※3　貸借差額

②　償還

(社　　　債)	200,000	(現 金 預 金)	200,000

27 新株予約権

《解答》　③

《解説》　　　　　　　　　　　　　　　　　　　　　　　　　（単位：千円）

1．新株予約権発行時

（当座預金）	200,000	（新株予約権）	200,000

2．権利行使時（新株発行）

（当座預金）	320,000※1	（資本金）	180,000※3
（新株予約権）	40,000※2	（資本準備金）	180,000※4

※1　1,600,000×20%＝320,000

※2　200,000×20%＝40,000

※3　(320,000＋40,000)÷2＝180,000

※4　貸借差額

3．権利行使時（自己株式処分）

（当座預金）	480,000※1	（自己株式）	500,000
（新株予約権）	60,000※2	（その他資本剰余金）	40,000※3

※1　1,600,000×30%＝480,000

※2　200,000×30%＝60,000

※3　貸借差額

よって、期末資本剰余金の金額は、100,000＋180,000＋40,000＝320,000となる。

28 ストック・オプション（その１）

《解答》　③

《解説》　（以下、単位：千円）

ストック・オプションを付与し、これに応じて企業が従業員等から取得するサービスは、その取得に応じて費用（株式報酬費用）として計上する。また、対応する金額は、ストック・オプションの権利行使又は失効が確定するまでの間、貸借対照表の純資産の部に新株予約権として計上する。

各会計期間における費用計上額は、ストック・オプションの公正な評価額のうち、対象勤務期間（付与日から権利確定日までの期間）を基礎とする方法その他の合理的な方法に基づき当期に発生したと認められる額である。ストック・オプションの公正な評価額は、公正な評価単価にストック・オプション数を乗じて算定する。

ストック・オプションが権利行使され、これに対して新株を発行した場合には、新株予約権として計上した額のうち、当該権利行使に対応する部分を払込資本に振り替える。

１．x15年３月31日　人件費の計上

（借）株式報酬費用　13,500　　（貸）新株予約権　13,500

※　12／個×200個 × 15名 × 9ヶ月／24ヶ月 ＝13,500
オプション公正価値　取締役　x14年７月～x15年３月

２．x16年３月31日　人件費の計上（退職した取締役を考慮する　15名→13名）

（借）株式報酬費用　13,800　　（貸）新株予約権　13,800

※　12／個×200個 × 13名 × 21ヶ月／24ヶ月 － 13,500 ＝13,800
オプション公正価値　取締役　x14年７月～x16年３月　株式報酬費用累積額

３．x17年３月31日　人件費の計上

（借）株式報酬費用　3,900　　（貸）新株予約権　3,900

※　12／個×200個 × 13名 × 24ヶ月／24ヶ月 － 27,300 ＝3,900
オプション公正価値　取締役　x14年７月～x16年６月　株式報酬費用累積額

４．x18年３月期の権利行使

（借）現 金 預 金　390,000※１　　（貸）資　本　金421,200※３
新株予約権　31,200※２

※１　200個×10株／個×13名×15／株＝390,000

※２　上記新株予約権累積額

※３　借方合計

29 ストック・オプション（その２）

《解答》 ①

《解説》　　（単位：千円）

１．前期の会計処理

（株式報酬費用）　1,680　（新 株 予 約 権）　1,680

※　｛10名×20個（取締役）＋（10名－２名）×10個（従業員）｝×@24×９ヶ月／36ヶ月＝1,680

２．当期の会計処理

（株式報酬費用）　2,870　（新 株 予 約 権）　2,870

※　当期における株式報酬費用の算定

①　付与日における公正な評価単価による費用計上

｛10名×20個（取締役）＋（10名－２名）×10個（従業員）｝×@24×21ヶ月／36ヶ月＝3,920

3,920－1,680＝2,240

②　公正な評価単価の増加に伴う追加の費用計上

｛10名×20個（取締役）＋（10名－２名）×10個（従業員）｝×（@30－@24）×９ヶ月／24ヶ月＝630

③　合計：2,240＋630＝2,870

30 ストック・オプション（その3）

《解答》 ④

《解説》　　（以下、単位：円）

1．X２年３月期の会計処理

（株式報酬費用）　259,000　（新株予約権）　259,000

※　2,960個［＝12名×80個＋50名×40個］×@350×９ヶ月／36ヶ月＝259,000

複数の権利確定条件が付されており、それらすべてを満たさなければストック・オプションの権利が確定しない場合には、達成に最も長期を要する条件が満たされる日を権利確定日と判定する。

勤務条件の達成時期の方が遅いと見込まれることから、勤務条件の達成見込月数36ヶ月［X１年７月〜X４年６月］で費用配分する。

2．X３年３月期の会計処理（ストック・オプション数の見直し）

（新株予約権）　259,000　（株式報酬費用）　259,000

※　業績条件の達成可能性がないということは、付与したストック・オプションの全てが失効する見積りであることを意味する。したがって、ストック・オプション数は０個となり、ストック・オプションの公正な評価額は０となる。このため、０とX２年３月期に費用計上した259,000との差額を損益として計上する。

3．X４年３月期の会計処理（ストック・オプション数を変動させる条件変更）

（株式報酬費用）　**777,000**　（新株予約権）　777,000

※　2,960個×@350×９ヶ月／12ヶ月［X3.7.1〜X4.6.30］＝777,000

条件変更により、ストック・オプション数が０個から2,960個に増加したため、ストック・オプションの公正な評価額の変動額を、残存期間にわたって計上していく。

31 ストック・オプション（その４）

《解答》 ⑥

《解説》 （以下、単位：千円）

1．各期の会計処理

⑴ X１年度

（株式報酬費用）	18,000	（新株予約権）	18,000

※ 700個×@60×９ヶ月／21ヶ月＝18,000

複数の権利確定条件のうち、いずれかを達成すればよい。株価条件に関しては、権利確定日の予測は行わないため、対象勤務期間はないものとみなされ、業績条件のみを考慮して会計処理する。したがって、対象勤務期間は21ヶ月（X１年７月～X３年３月）である。

⑵ X２年度

（株式報酬費用）	24,000	（新株予約権）	24,000

※ 700個×@60－18,000＝24,000

2．解答の金額

18,000＋24,000＝**42,000**

32 新株予約権付社債

《解答》 ②

《解説》 （単位：千円）

1．新株予約権付社債発行時

（当　座　預　金）	1,000,000	（社　　　　　債）	950,000
		（新 株 予 約 権）	50,000

2．決算整理（×2年３月末）

（社　債　利　息）	10,000	（社　　　　　債）	10,000

※ 50,000÷５年＝10,000

3．権利行使時

（当座預金）	300,000	（資本金）	157,500※2
（新株予約権）	15,000※1	（資本準備金）	157,500※3

※1　50,000×30％＝15,000

※2　（300,000＋15,000）÷2＝157,500

※3　貸借差額

4．決算整理（x3年3月末）

（社債利息）	10,000	（社債）	10,000

よって、x3年3月末の残高は、次の通りとなる。

社債：950,000＋10,000×2＝970,000

資本準備金：100,000＋157,500＝257,500

第 7 章
引　当　金
解答・解説編

33 貸倒引当金（その１）

《解答》　①

《解説》　（単位：円）

1．過去３年間の貸倒実績率

(1)　第４期

113,040÷6,280,000×100＝1.8％

(2)　第５期

172,845÷7,515,000×100＝2.3％

(3)　第６期

148,082÷6,731,000×100＝2.2％

2．過去３年間の貸倒実績率の平均値

$$\frac{1.8\% + 2.3\% + 2.2\%}{3\text{年}} = 2.1\%$$

3．当期の貸倒引当金の設定額

7,098,000×2.1％＝149,058

34 貸倒引当金（その２）

《解答》　⑤

《解説》　（以下、単位：千円）

1．A社（一般債権）

売掛金　7,000　＜　買掛金　8,000　より

A社に対する売掛金は、同社に対する買掛金により相殺可能であることから、A社に対する貸倒引当金設定額はゼロである。

2．B社（一般債権）

(12,000＋80,000)×5％＝4,600

3．C社（貸倒懸念債権）

$\underset{\text{X3年3月末CF}}{2{,}000[=100{,}000\times 2\%]\div 1.05}+\underset{\text{X4年3月末CF}}{2{,}000\div 1.05^2}+\underset{\text{X5年3月末CF}}{\underline{(100{,}000+2{,}000)}}\div 1.05^3\fallingdotseq 91{,}830$

100,000－91,830＝8,170

4．D社（破産更生債権等）

25,000－4,000＝21,000

5．解答の金額

4,600＋8,170＋21,000＝**33,770**

35 貸倒引当金（その3）

《解答》　②

《解説》　（以下、単位：千円）

1．合計残高ごとの貸倒実績率の平均値による方法

（基準年度の債権に関連のない貸倒損失額を除外して計算）

(1)　貸倒実績率

X0年度期末残高を基準とする貸倒実績率：

(15＋25＋35)÷7,500＝1％

X1年度期末残高を基準とする貸倒実績率：

(25＋35＋12＋36＋24)÷11,000＝1.2％

X2年度期末残高を基準とする貸倒実績率：

(35＋36＋24＋20＋35＋25)÷14,000＝1.25％

(1％＋1.2％＋1.25％)÷3年＝1.15％

(2)　当期における貸倒見積高

16,000×1.15％＝**184**

2．発生年度ごとの貸倒実績率の平均値による方法

(1) 貸倒実績率

X０年度に発生した債権の貸倒実績率：

75÷7,500＝１％

X１年度に発生した債権の貸倒実績率：

72÷6,000＝1.2％

X２年度に発生した債権の貸倒実績率：

80÷10,000＝0.8％

（１％＋1.2％＋0.8％）÷３年＝１％

(2) 当期における貸倒見積高

(8,000＋5,000＋11,000)×１％－(20＋44＋15)＝**161**

36 賞与引当金・債務保証損失引当金

《解答》 ②

《解説》　（以下、単位：千円）

1．従業員賞与引当金

37,500×４ヶ月／６ヶ月＝25,000

2．役員賞与引当金

72,000

3．債務保証損失引当金

50,000－10,000＝40,000

4．解答の金額

25,000＋72,000＋40,000＝**137,000**

37 退職給付会計（その１）

《解答》 ⑤

《解説》　　　　　　　　　　　　　　　　　　　　　（以下、単位：百万円）

1．期首の退職給付引当金

2,800－2,000－300＝500

2．×6年３月期の退職給付引当金勘定の内訳

年金資産

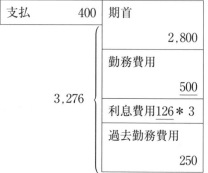

期首 2,000	支払 400
運用収益 70＊1	2,315
拠出 600	
数理差異 45＊2	

退職給付債務

支払 400	期首 2,800
3,276	勤務費用 500
	利息費用126＊3
	過去勤務費用 250

＊1　2,000×3.5％＝70

＊2　2,000×5.75％－70＝45

＊3　2,800×4.5％＝126

未認識数理計算上の差異（過年度発生）

期首 300	費用処理 20＊4
	280

＊4　300÷15年＝20

未認識過去勤務費用（当期発生）

発生 250	費用処理 25＊5
	225

＊5　250÷10年＝25

未認識数理計算上の差異（当期発生）

45	発生 45

3．解答の金額

退職給付費用：500（勤務費用）＋126（利息費用）－70（運用収益）＋20（数理差異）＋25（過去）＝601（上記下線の合計）

退職給付引当金：3,276（退職給付債務）－2,315（年金資産）－280（数理差異（過年度））－225（過去）＋45（数理差異（当期））＝501（残高の合計）

38 退職給付会計（その２）

《解答》　④

《解説》　　　　　　　　　　　　　　　　　　　　　　　　　　　　（以下、単位：円）

１．期首退職給付引当金の設定

（退 職 給 付 費 用）　67,200　　　（退職給付引当金）　67,200

※　$308,700 \times \frac{4年}{5年} \div 1.05 - 308,700 \times \frac{3年}{5年} \div 1.05^2 = 67,200$

２．過去勤務費用の認識及び償却

（退職給付引当金）　58,800　　　（退職給付引当金）　58,800※１

（退職給付引当金）　5,880　　　（退 職 給 付 費 用）　5,880※２

※１　$308,700 \times \frac{4年}{5年} \div 1.05 - 308,700 \times 75\% \times \frac{4年}{5年} \div 1.05 = 58,800$

※２　$58,800 \div 10年 = 5,880$

３．退職給付費用

$\underset{上記1.}{67,200} - \underset{上記2.}{5,880} = 61,320$

第8章 資本

解答・解説編

39 分配可能額

《解答》 ②

《解説》

（以下、単位：千円）

1．剰余金の額

150,000	+2,250	−110,000	−25,000	−2,500	−1,500	−400	−1,100	+600
諸資産	自株	諸負債	資本金	資準	利準	差額金	配当	資準取崩

+250	+150	−300	=12,450
利準取崩	処分差益	自株消却	

2．分配可能額

12,450	−2,700	−900	=8,850
	自株	処分対価	

40 純資産

《解答》 ⑤

《解説》

（以下、単位：千円）

1．会計処理

(1) ×1年5月（自己株式の取得）

（自己株式）	52,000	（現金預金）	52,000※
（支払手数料）	4,000	（現金預金）	4,000

※ @65,000円×800株＝52,000

自己株式の取得に要した費用については、株主との間の資本取引ではないため、自己株式の取得価額に含めず、損益計算書に計上する。

(2) x1年6月（計数の変動）

(資　本　準　備　金)　4,500　　(その他資本剰余金)　4,500

(利　益　準　備　金)　1,500　　(繰越利益剰余金)　1,500

「債権者保護手続を経て」という指示より、資本金ではなく剰余金へ振替えたものと判断する。

(3) x1年8月（自己株式の消却）

(その他資本剰余金)　26,000　　(自　己　株　式)　26,000

※　@65,000円×400株＝26,000

(4) x1年10月（新株予約権の発行）

(現　金　預　金)　4,000　　(新　株　予　約　権)　4,000

(5) x1年11月（新株予約権の権利行使⇒新株の発行）

(新　株　予　約　権)　2,000※1　(資　本　金)　13,500※3

(現　金　預　金)　25,000※2　(資　本　準　備　金)　13,500※3

※1　4,000×50%＝2,000

※2　50,000×50%＝25,000

※3　(2,000＋25,000)×1/2＝13,500

(6) x1年12月（新株予約権の権利行使⇒自己株式の処分）

(新　株　予　約　権)　1,200※1　(自　己　株　式)　19,500※3

(現　金　預　金)　15,000※2

(その他資本剰余金)　3,300※4

※1　4,000×30%＝1,200

※2　50,000×30%＝15,000

※3　@65,000円×300株＝19,500

※4　貸借差額

(7) x2年3月（決算）

① 圧縮積立金

(繰越利益剰余金) 10,500　　(圧　縮　積　立　金) 10,500

② その他資本剰余金の負の残高の補填

(繰越利益剰余金) 800　　(その他資本剰余金) 800

※ 24,000＋4,500－26,000－3,300＝△800

> その他資本剰余金の残高を超えて自己株式処分差損が発生した場合やその他資本剰余金の残高を超えた帳簿価額の自己株式を消却した場合は、その他資本剰余金が負の値になる。この場合は、会計期間末において、その他資本剰余金をゼロとして、同額をその他利益剰余金（繰越利益剰余金）から減額する。

③ 当期純利益の計上

(損　　　　　益) 42,000　　(繰越利益剰余金) 42,000

2．解答の金額

(1) 当期末における株主資本の各項目の金額

資本金：200,000＋13,500＝213,500

資本準備金：45,000－4,500＋13,500＝54,000

その他資本剰余金：24,000＋4,500－26,000－3,300＋800＝0

利益準備金：15,000－1,500＝13,500

別途積立金：30,000

圧縮積立金：10,500

繰越利益剰余金：70,000＋1,500－10,500－800＋42,000＝102,200

自己株式：52,000－26,000－19,500＝6,500

(2) 資本剰余金および利益剰余金の金額

① 資本剰余金

54,000［資本準備金］＋0［その他資本剰余金］＝**54,000**

② 利益剰余金

13,500［利益準備金］＋30,000［別途積立金］＋10,500［圧縮積立金］＋102,200［繰越利益剰余金］＝**156,200**

41 株主資本等変動計算書

《解答》 ③

《解説》 （以下、単位：千円）

1．期中に行なわれた取引の仕訳

(1) 時価発行増資

（現金及び預金）	10,000	（資本金）	5,000※
		（資本準備金）	5,000※

※ 10,000÷２＝5,000

(2) 剰余金の配当（決議時）

（その他資本剰余金）	1,320※３	（未払配当金）	3,000
（繰越利益剰余金）	1,980※４	（資本準備金）	120※１
		（利益準備金）	180※２

※１ 3,000×40％×10％＝120

※２ 3,000×60％×10％＝180

※３ 3,000×40％＋120＝1,320

※４ 3,000×60％＋180＝1,980

(3) 当期純利益の計上（資本振替仕訳）

（損益）	25,000	（繰越利益剰余金）	25,000

(4) 圧縮記帳に係る税効果会計の適用及び圧縮積立金の計上

（法人税等調整額）	600※１	（繰延税金負債）	600
（繰越利益剰余金）	900※２	（圧縮積立金）	900

※１ 1,500×40％＝600

※２ 1,500×（１－40％）＝900

(5) 新築積立金の取崩

（新築積立金）	6,000	（繰越利益剰余金）	6,000

2．完成した当期の株主資本等変動計算書

	株主資本							
	資本金	資本剰余金		利益剰余金				株主資本合計
		資本準備金	その他資本剰余金	利益準備金	その他利益剰余金			
					圧縮積立金	新築積立金	繰越利益剰余金	
当期首残高	750,000	32,000	4,800	44,000	0	10,000	154,000	994,800
当期変動額								
新株の発行	5,000	5,000						10,000
剰余金の配当		120	△1,320	180			△1,980	△3,000
当期純利益							25,000	25,000
圧縮積立金の積立					900		△900	0
新築積立金の取崩						△6,000	6,000	0
当期変動額合計	5,000	5,120	△1,320	180	900	△6,000	28,120	32,000
当期末残高	755,000	37,120	3,480	44,180	900	4,000	182,120	1,026,800

第9章 商品売買

解答・解説編

42 商品売買（その1）

《解答》 ③

《解説》 （以下、単位：円）

1．期中仕訳等

(1) 甲商品

① 甲商品勘定の期首残高

@650円×1,800個＝1,170,000

② 仕入時の処理

（甲　商　品） 1,022,000　（買　掛　金） 1,022,000

※ @730円×1,400個＝1,022,000

③ 売上時の処理

（売　掛　金） 2,268,000　（甲　商　品） 2,268,000

※ @840円×2,700個＝2,268,000

(2) 乙商品

① 乙商品勘定の期首残高

@1,250円×600個＝750,000

② 仕入時の処理

（乙　商　品） 560,000　（買　掛　金） 560,000

※ @1,400円×400個＝560,000

③ 売上時の処理

（売　　掛　　金） 1,275,000※1　（乙　　商　　品） 1,100,000※2

（乙商品販売益）　175,000※3

※1　@1,500円×850個＝1,275,000

※2　@1,250円×600個＋@1,400円×（850個－600個）＝1,100,000

※3　貸借差額

(3)　決算整理前残高試算表

X年3月31日　（単位：円）

乙　商　品	210,000※2	甲　商　品　A	76,000※1
		乙商品販売益　B	175,000

※1　1,170,000＋1,022,000－2,268,000＝△76,000

※2　750,000＋560,000－1,100,000＝210,000

2．決算整理仕訳

(1)　甲商品

（甲　　商　　品） 418,500　（甲商品販売益） 418,500

※　(1,170,000＋1,022,000)÷(1,800個＋1,400個)＝@685円（払出単価）

(@840円－@685円)×2,700個＝418,500

または、@685円×(1,800個＋1,400個－2,700個)＝342,500（期末商品棚卸高）

76,000（決算整理前残高試算表）＋342,500（期末商品棚卸高）＝418,500

(2)　乙商品

仕訳なし

(3)　決算整理後残高試算表

X年3月31日　（単位：円）

甲　商　品	342,500※	甲商品販売益	C　418,500
乙　商　品　D	210,000	乙商品販売益	175,000

※　△76,000＋418,500＝342,500

または、@685円×(1,800個＋1,400個－2,700個)＝342,500

3．解答の金額

76,000＋175,000＋418,500＋210,000＝**879,500**

43 商品売買（その2）

《解答》 ②

《解説》 （単位：千円）

1．棚卸資産原価の分析

A商品原価

借方	金額	貸方	金額
期首	3,300※3	売上原価	16,500※5
当期仕入	16,000※4	期末	2,800※6

B商品原価

借方	金額	貸方	金額
期首	2,500	売上原価	12,000※9
当期仕入	12,500	見本品費	300
		期末	2,700※8

仕入諸掛費

借方	金額	貸方	金額
期首	200※1	売上原価	1,190※6
当期仕入	1,200※2	期末	210※7

（期首＋当期仕入＝前T/B1,400）

※1　＜資料2＞1　繰延仕入諸掛費

※2　1,400－200＝1,200
　　前T/B　※1

※3　6,000－200－2,500＝3,300
　　P/L(首)　※1　B商品

※4　29,700－1,200－12,500＝16,000
　　P/L仕入　※2　B商品

※5　22,000×0.75＝16,500
　　P/L売上

※6　貸借差額

※7　$1,200 \times \dfrac{2,800}{16,000} = 210$

※8　5,710－2,800－210＝2,700
　　P/L(末)　A商品　※7

※9　29,690－16,500－1,190＝12,000
　　P/L売原　※5　諸掛

もしくは貸借差額

2．期中取引仕訳（売買は掛によるものとする）

(1)　A商品（三分割法）

（仕入諸掛費）	200	（繰延仕入諸掛費）	200
（仕　　入）	16,000	（買　掛　金）	16,000
（仕入諸掛費）	1,200	（現　金　預　金）	1,200
（売　掛　金）	22,000	（売　　上）	22,000

(2)　B商品（分記法）

（商　　品）	12,500	（買　掛　金）	12,500
（売　掛　金）	15,200	（商　　品）	12,000
		（商品販売益）	3,200
（見　本　品　費）	300	（商　　品）	300

3．決算整理仕訳

(1)　A商品

（仕　　入）	3,300	（繰　越　商　品）	3,300
（繰　越　商　品）	2,800	（仕　　入）	2,800
（仕　　入）	1,190	（仕入諸掛費）	1,400
（繰延仕入諸掛費）	210		

(2)　B商品

仕訳不要

なお、貸借対照表に計上される商品は、5,710千円（＝2,800千円＋210千円＋2,700千円）である。
（2,800千円＋210千円：A商品、2,700千円：B商品）

以上により正しい記述はｂだけであり、解答は②となる。

44 売上原価（期末棚卸高）の算定

《解答》 ②

《解説》 （単位：円）

a．先入先出法

4/ 5：15個×@400（期首）＝ 6,000

4/25： 5個×@400＝ 2,000

　　　8個×@415（4/2）＝ 3,320

合計 11,320

b．移動平均法

$$4/5：(20個×@400+10個×@415)×\frac{15個}{30個}= 6,075\ (@405)$$

$$4/25：(15個×@405+10個×@425+10個×@455)×\frac{13個}{35個}= 5,525$$

合計 11,600

c．総平均法

$$\frac{20個×@400+10個×@415+10個×@425+10個×@455}{20個+10個+10個+10個}=\frac{20,950}{50個}=@419$$

4/ 5：15個×@419＝ 6,285

4/25：13個×@419＝ 5,447

合計 11,732

d．売価還元法

$$\frac{20,950}{50個×@500}=0.838$$

22個（期末）×@500×0.838＝9,218　　∴　20,950－9,218＝11,732

45 売価還元平均原価法

《解答》 ④

《解説》 （単位：円）

1．原価率

$$\frac{52,400+200,205-17,500}{82,000+306,800-27,000+800-500-600+200}=\frac{235,105}{361,700}=0.65$$

2．期末帳簿棚卸高

361,700－(316,200－7,500)＝53,000（売価）

53,000×0.65＝34,450（原価）

3．棚卸減耗費

(53,000－50,900)×0.65＝1,365（原価）

4．損益計算書

Ⅰ 売上高			307,900※1
Ⅱ 売上原価			
1．期首商品棚卸高	52,400		
2．当期商品仕入高	182,705※2		
小計	235,105		
3．期末商品棚卸高	34,450※3		
差引	200,655		
4．棚卸減耗費	1,365※4	202,020	
売上総利益		105,880	

※1　316,200－800－7,500＝307,900

※2　200,205－17,500＝182,705

※3　解説2参照

※4　解説3参照

46 仕入諸掛り、売上原価の増減項目

《解答》 ②

《解説》　(単位：円)

1．手許商品のフロー

手許商品（諸掛りを除く）

借方		貸方	
期首有高	1,500	売上原価	11,300
当期商品仕入高	12,000※	見本品費	200
		期末有高	2,000

※　11,800＋　200　＝12,000
　前T/B仕入　前T/B見本品費

2．仕入諸掛費の配分

仕入諸掛費

借方		貸方	
期中支払	930	見本品費	16※2
		繰延仕入諸掛費	160※3
繰延仕入諸掛費	150※1	売上原価	904

※1　前T/B繰延仕入諸掛費

※2　$(930+150)\times\frac{200}{1,500+12,000}=16$

※3　$(930+150)\times\frac{2,000}{1,500+12,000}=160$

3．損益計算書

損益計算書

Ⅰ　売 上 高　　16,560

Ⅱ　売上原価

1．期首商品棚卸高　1,650※1

2．当期商品仕入高　12,930※2

　合　計　14,580

3．見本品費振替高　216※3

4．期末商品棚卸高　　2,160※4　　12,204

売上総利益　　4,356

※1　1,500＋150＝1,650

※2　12,000＋930＝12,930

※3　200＋16＝216

※4　2,000＋160＝2,160

47 商品売買の記帳方法

《解答》　①

《解説》　（以下、単位：千円）

1．A商品（総記法）

（A　商　品）	3,000	（A商品販売益）	3,000

※　1,000＋2,000＝3,000
（1,000：前T/B商品　2,000：期末商品）

2．B商品（分記法）

仕　訳　な　し

3．C商品（三分割法）

（C商品仕入）	5,000	（C繰越商品）	5,000
（C繰越商品）	4,000	（C商品仕入）	4,000

売上総利益の計算：7,500＋5,000－4,000＝8,500
（7,500：前T/B仕入　8,500：売上原価）

8,500÷（1－0.15）×0.15＝1,500
（8,500÷（1－0.15）：売上高　1,500：売上総利益）

4．D商品（売上原価対立法）

仕　訳　な　し

5．E商品（小売棚卸法）

（E商品繰延販売益）	240	（E商品販売益）	240
（E商品販売益）	360※	（E商品繰延販売益）	360

※　3,360÷1.12×0.12＝360
（3,360：前T/B商品）

売上総利益の計算：$\underset{\text{前T/B販売益}}{2,400} + 240 - 360 = 2,280$

6．解答の金額

$\underset{\text{A商品}}{3,000} + \underset{\text{B商品}}{4,500} + \underset{\text{C商品}}{1,500} + \underset{\text{D商品}}{(5,700 - 5,000)} + \underset{\text{E商品}}{2,280} = \mathbf{11,980}$

第10章 収益認識

解答・解説編

48 収益認識（その１）

《解答》　②

《解説》　　　　　　　　　　　　　　　　　　　　　　　　　　（以下、単位：千円）

1．概要

契約における約束した財またはサービスの独立販売価格の合計額（36,000）が当該契約の取引価格（31,680）を超える場合には、契約における財またはサービスの束について顧客に値引きを行っているものとして、当該値引きについて、契約におけるすべての履行義務に対して比例的に配分する。（財またはサービスの独立販売価格の比率に基づき、契約において識別したそれぞれの履行義務に取引価格を配分する。）

ただし、次の①から③の要件のすべてを満たす場合には、契約における履行義務のうち１つまたは複数に値引きを配分する。本問では、いずれの要件も満たすため、履行義務のうち、製品ＢおよびＣに値引きを配分する。

①　契約における別個の財またはサービス（あるいは別個の財またはサービスの束）のそれぞれを、通常、単独で販売していること

②　当該別個の財またはサービスのうちの一部を束にしたものについても、通常、それぞれの束に含まれる財またはサービスの独立販売価格から値引きして販売していること

③　②における財またはサービスの束のそれぞれに対する値引きが、当該契約の値引きとほぼ同額であり、それぞれの束に含まれる財またはサービスを評価することにより、当該契約の値引き全体がどの履行義務に対するものかに

ついて観察可能な証拠があること

2．それぞれの履行義務（製品）に対する取引価格31,680の配分

(1)　製品Ａに配分される取引価格

9,000（独立販売価格）

(2)　製品Ｂに配分される取引価格

(31,680－9,000)×16,200／(16,200＋10,800)＝**13,608**

(3)　製品Ｃに配分される取引価格

(31,680－9,000)×10,800／(16,200＋10,800)＝**9,072**

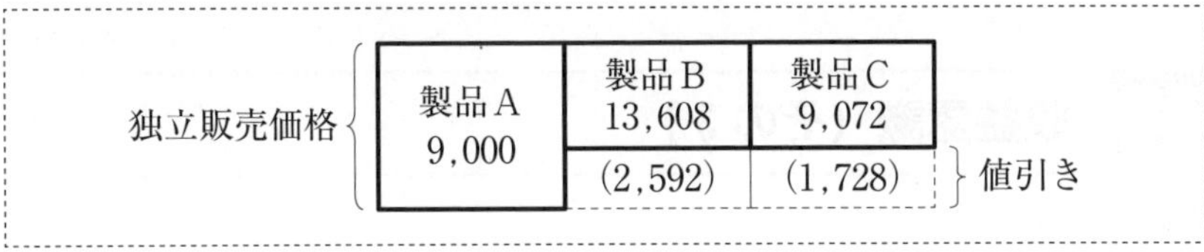

49　収益認識（その２）

《解答》　②

《解説》　（以下、単位：円）

1．Ｘ１年度

(1)　概要

Ｘ１年度において、顧客への販売累計数の見積りは3,000個を超えないと見込んでいるため、単価は@8,000とする。

(2)　会計処理

（売　　掛　　金）3,200,000　（売　　上　　高）3,200,000

※　@8,000×400個＝3,200,000

2．Ｘ２年度

(1)　概要

遡及的に単価を@8,000から@7,200に変更する。取引価格の事後的な変動のうち、既に充足した履行義務に配分された額については、取引価格が変動した期の収益の額を修正する。

(2) 会計処理

(売　掛　金)	12,800,000※2	(売　上　高)	**11,200,000**※1
		(返金負債)	1,600,000※3

※1　@7,200×1,600個（X2年度における売上高）－(@8,000－@7,200)×400個（X1年度に販売した商品に対する売上高の減額）＝11,200,000

または、@7,200×(400個＋1,600個)－3,200,000＝11,200,000

※2　@8,000×1,600個＝12,800,000

※3　(@8,000－@7,200)×(400個＋1,600個)＝1,600,000

50 収益認識（その3）

《解答》　④

《解説》　（以下、単位：千円）

1．概要

(1) 契約変更を独立した契約として処理する場合　⇒　〈ケース1〉

契約変更について、次の①および②の要件のいずれも満たす場合には、当該契約変更を独立した契約として処理する。

① 別個の財またはサービスの追加により、契約の範囲が拡大されること

② 変更される契約の価格が、追加的に約束した財またはサービスに対する独立販売価格に特定の契約の状況に基づく適切な調整を加えた金額分だけ増額されること

(2) 契約変更が独立した契約として処理されない場合　⇒　〈ケース2〉

契約変更が上記の要件を満たさず、独立した契約として処理されない場合、かつ未だ移転していない財またはサービスが契約変更日以前に移転した財またはサービスと別個のものである場合には、契約変更を既存の契約を解約して新しい契約を締結したものと仮定して処理する。

残存履行義務に配分すべき対価の額は、次の①および②の合計額とする。

① 顧客が約束した対価（顧客からすでに受け取った額を含む）のうち、取引価格の見積りに含まれているが収益として認識されていない額

② 契約変更の一部として約束された対価

2．〈ケース1〉

(1) 取引開始日

① 商品Aに配分される取引価格：3,500÷2＝1,750 ⇒ ×1年12月1日に収益を認識

② 商品Bに配分される取引価格：3,500÷2＝1,750

③ 商品Aの引き渡しに関する仕訳

(売掛金)	1,750	(売上)	1,750

(2) 契約変更時

仕訳なし

(3) 契約変更後の仕訳

① 商品Bの引き渡しに関する仕訳

(売掛金)	1,750	(売上)	1,750

② 商品Cの引き渡しに関する仕訳

(売掛金)	1,300	(売上)	1,300

3．〈ケース2〉

(1) 取引開始日

① 商品Aに配分される取引価格：3,500÷2＝1,750 ⇒ ×1年12月1日に収益を認識

② 商品Bに配分される取引価格：3,500÷2＝1,750

③ 商品Aの引き渡しに関する仕訳

(売掛金)	1,750	(売上)	1,750

(2) 契約変更時

① 残存履行義務に配分すべき対価の額：

1,750［商品Bに配分された取引価格］＋1,300［契約変更による増額分］＝3,050

② 商品Bに配分される取引価格：3,050÷2＝1,525 ⇒ ×2年6月30日に収益を認識

③ 商品Cに配分される取引価格：3,050÷2＝1,525 ⇒ ×2年7月31日に

収益を認識

④　契約変更に関する仕訳

仕　訳　な　し

(3)　契約変更後の仕訳

①　商品Bの引き渡しに関する仕訳

(売　掛　金)	1,525	(売　　上)	1,525

②　商品Cの引き渡しに関する仕訳

(売　掛　金)	1,525	(売　　上)	1,525

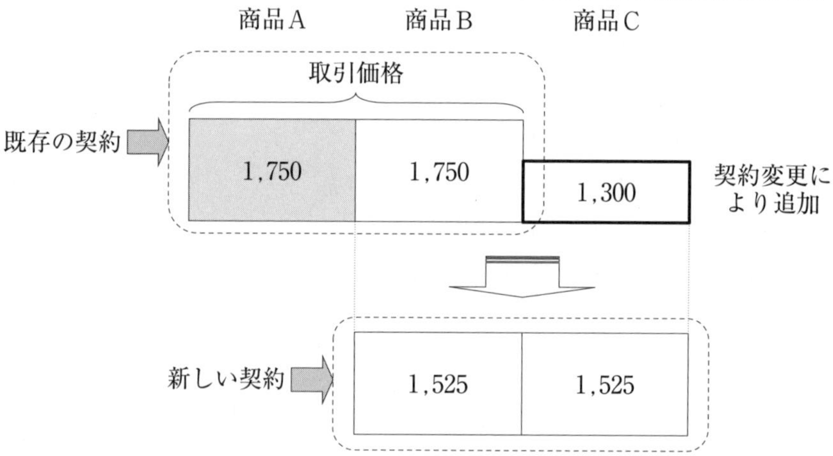

※　本問において各商品の独立販売価格は同額である。

4．各履行義務（商品）に配分される取引価格

	〈ケース1〉	〈ケース2〉
商品A	1,750	1,750
商品B	**1,750**	**1,525**
商品C	1,300	1,525

第11章

帳簿組織

解答・解説編

51 総　論

《解答》　③

《解説》

a．⇨　正しい

特殊仕訳帳とは、補助記入帳のうち仕訳帳化されたものをいう。

b．➡　誤り

チェック・マーク（✓印）は転記が不要であることを示す。したがって個別転記のみならず合計転記を行わない場合でもチェック・マークを付す。

c．⇨　正しい

チェック・マークは二重仕訳の存在を前提としながらも、そこから総勘定元帳へは二重に転記されないようにするための方策である。よってチェック・マークは二重仕訳の回避策にはなり得ない。

d．➡　誤り

単一仕訳帳制における多欄式仕訳帳では、チェック・マークが必要となる。

e．⇨　正しい

当座預金勘定は当座預金出納帳（特殊仕訳帳）を有しているので、当該勘定へは必ず合計転記されるのであって、個別転記はあり得ない。

f．➡　誤り

いわゆる一部当座取引について、普通仕訳帳にその取引の全貌仕訳をする方法を採用すれば、出納取引が普通仕訳帳に記帳される。

g．➡　誤り

特別欄に設定されている勘定科目が特殊仕訳帳を有していれば、転記は行われない。

h. ⇨ 正しい

大陸式簿記法の場合、特殊仕訳帳から総勘定元帳に合計転記をするときに、普通仕訳帳にすべての取引金額を通すことによって普通仕訳帳の合計額と合計試算表の総合計額とが照合できる。しかし、せっかく合計仕訳をしても、その金額の中に二重仕訳の金額が算入されてしまい、両者の金額的照合は不可能になり、転記の正確性を検証することはできない。このために普通仕訳帳の締切（決算記入以前の）に際して機械的に算出される合計額から二重仕訳金額を削除する手続を必要とする。

i. ➡ 誤り

いわゆる一部当座取引について普通仕訳帳にその取引の全体仕訳をする方法を採用していれば、この手続が依然として必要である。

52 二重仕訳削除金額

《解答》 ②

《解説》 （以下、単位：千円）

1. 仕訳

(1)	（売掛金）	4,780	（売上）	4,780
(2)	（仕入）	2,630	（当座預金）	2,630
(3)	（当座預金）	3,910	（売掛金）	3,910
(4)	（仕入）	3,440	（買掛金）	3,440
(5)	（買掛金）	1,560	（当座預金）	1,560
(6)	（当座預金）	1,880※	（受取手形）	2,000
	（手形売却損）	120		
	※ 2,000－120＝1,880			
(7)	（買掛金）	970	（売掛金）	970
(8)	（当座預金）	2,460	（売上）	2,460

⑼	(買掛金)	3,320	(支払手形)	3,320
⑽	(当座預金)	1,000	(有価証券)	900
			(有価証券売却益)	100※

※　1,000－900＝100

なお、一部当座取引には該当しない。

⑾	(受取手形)	2,500	(売上)	2,500

2．解答の金額

1,880＋2,460＋2,630＝**6,970**

下図を集計して求める。なお、本問では受取手形記入帳・支払手形記入帳を特殊仕訳帳として用いていないため、これらの帳簿に関連する二重仕訳は存在しない。

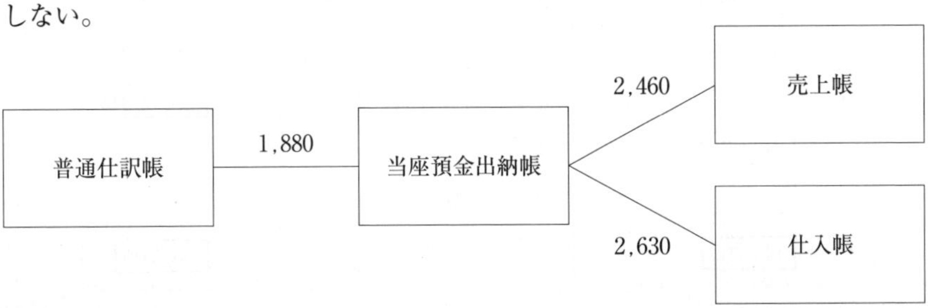

53 伝票会計

《解答》　④

《解説》　(単位：円)

・6月11日に起票した伝票は、以下に示す5枚である。

入金伝票
借入金 7,000
A

出金伝票
買掛金 5,500
B

売上伝票
広島商店 2,500
C

振替伝票
備品 1,800　未払金 1,800
D

振替伝票
買掛金 1,500　売掛金 1,500
E

・AとDの伝票は、＜資料１＞の中に該当する勘定科目が存在しないことから、すぐに６月11日分と判明する。

・＜資料１＞の？の金額は次のとおりである。

仕訳集計表

x年６月10日　　　　　　　　（単位：円）

借　　方	元丁	勘定科目	元丁	貸　　方
12,000	省略	現　　　　金	省略	5,700
7,500		受　取　手　形		8,500
20,000		売　掛　金		15,000
2,000		支　払　手　形		3,500
11,000		買　掛　金		16,000
		売　　　　上		20,000※２
16,000※1		仕　　　　入		
200		保　険　料		
68,700				68,700

※１　買掛金の貸方合計より

従って、仕入伝票は全て６月10日分と判明する。

※２　売掛金の借方合計より

従って、Cの伝票は６月11日分と判明する。

・現金の借方合計が12,000であるから、A以外の入金伝票は全て６月10日分と判明する。また、受取手形の借方合計が7,500であるから、借方が受取手形となっている振替伝票２枚は、いずれも６月10日分と判明する。従って、売掛金の貸方合計が15,000であることを考慮すると、Eの伝票は６月11日分であることがわかる。

・支払手形の貸方合計が3,500であるから、貸方が支払手形となっている振替伝票は６月10日分と判明する。従って、買掛金の借方合計が11,000であることを考慮すると、Bの伝票は６月11日分であることがわかる。

第12章 本支店会計

解答・解説編

54 本支店合算の純利益

《解答》 ①

《解説》 （単位：円）

《本 店》 損 益

繰越商品	6,000	売上	51,160
仕入	40,000	支店売上	24,000
営業費	10,000	繰越商品	8,000
総合損益	27,160		
	83,160		83,160

《支 店》 損 益

繰越商品	5,040	売上	18,840
仕入	3,000	繰越商品	15,200※3
本店仕入	24,000※1		
営業費	1,600※2		
本店	400		
	34,040		34,040

※1　22,800＋1,200＝24,000

※2　1,200＋ 400＝ 1,600

※3　14,000＋1,200＝15,200

《本　店》　総合損益

繰延内部利益控除	2,240	損　益	27,160
繰越利益剰余金	26,160	支　店	400
		繰延内部利益戻入	840
	28,400		28,400

※　$(12,240+1,200)\times\frac{0.2}{1.2}=2,240$

55 外部公表用損益計算書の売上原価

《解答》　②

《解説》　（単位：千円）

外部公表用損益計算書の売上原価

1．期首商品棚卸高：590,000＋743,200－29,200（期首内部利益）＝1,304,000

2．当期商品仕入高：7,920,000＋5,813,000＝13,733,000

3．期末商品棚卸高：570,000＋598,500（※１）－77,700（※２）（期末内部利益）＝1,090,800

∴1,304,000＋13,733,000－1,090,800＝13,946,200

（※１）　472,500＋126,000（未達商品）＝598,500

支　店

前T／B	9,653,500	(3)	94,000
(2)	3,000		
			9,562,500

本　店

		前T／B	9,432,500
		(1)	126,000
	9,562,500	(4)	4,000

支店 9,562,500 ←→ 本店 9,562,500　一　致

（※２）　472,500（外部仕入分）－210,000（本店仕入分）＝262,500

∴　$(262,500+126,000)\times\frac{0.25}{1.25}=77,700$

56 支店分散計算制度

《解答》 ④

《解説》 (以下、単位：千円)

1．照合勘定の分析

(1) 商品X

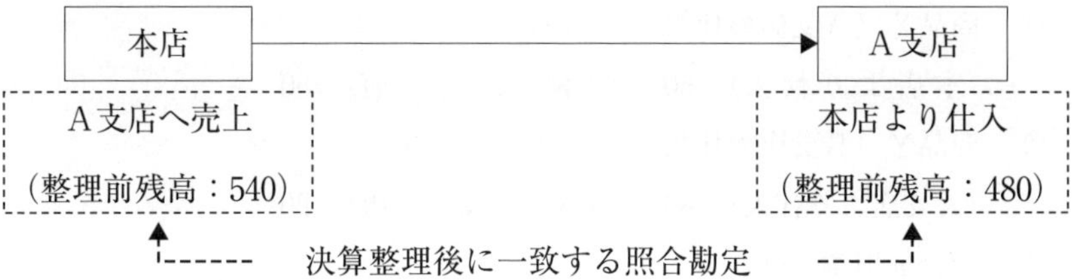

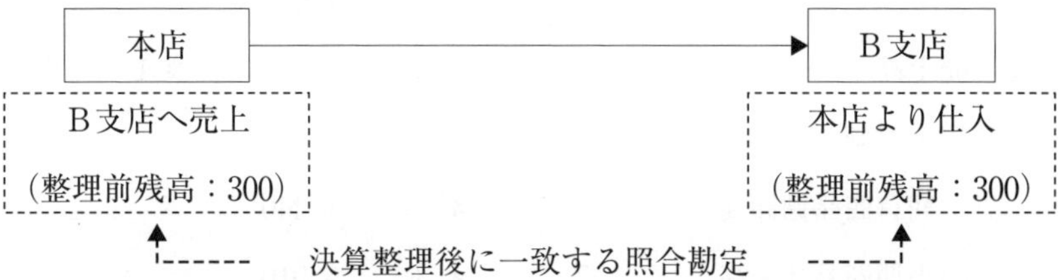

(2) 商品Y

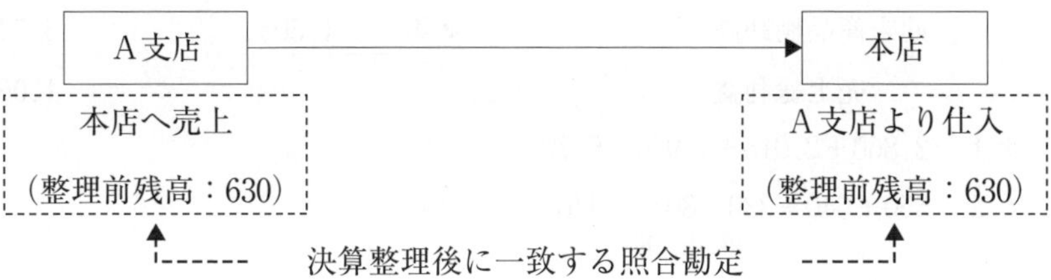

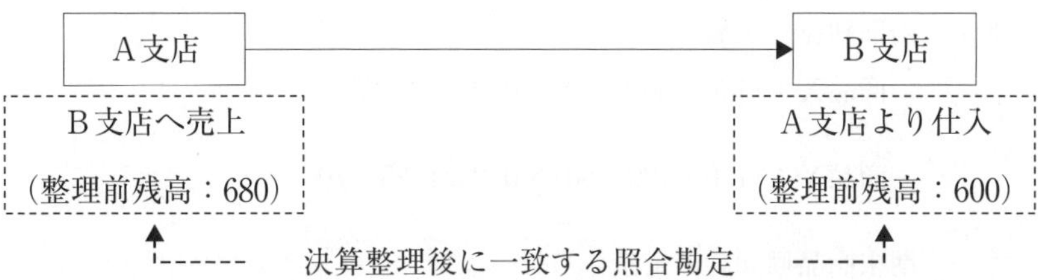

(3)　未達商品の金額

上記照合勘定の分析より、商品Xおよび商品Yについて次のとおり未達が生じている。

商品X（本　店⇒A支店）：540－480＝60

商品Y（A支店⇒B支店）：680－600＝80

(4)　未達取引の整理

①　商品X（A支店の仕訳）

（本店より仕入）	60	（本　　　店）	60

②　商品Y（B支店の仕訳）

（A支店より仕入）	80	（A　支　店）	80

2．本支店合併損益計算書

損益計算書

Ⅰ　売上高			＊1	6,795
Ⅱ　売上原価				
期首商品棚卸高	＊2	1,440		
当期商品仕入高	＊3	5,910		
計		7,350		
期末商品棚卸高	＊4	1,605		5,745
売上総利益				**1,050**

＊1　2,860＋2,015＋1,920＝6,795

＊2　550＋640＋330－80＝1,440
（80：繰延内部利益）

＊3　2,750＋2,160＋1,000＝5,910

＊4　内部利益の金額

商品X：(120＋60＋210)×0.2/1.2＝65
（60：未達）

商品Y：(150＋120＋80)×0.25/1.25＝70
（80：未達）

期末商品棚卸高の金額

150＋120＋60＋210＋150＋250＋120＋80＋200＋250＋150－(65＋70)＝1,605
（60：未達、80：未達、(65＋70)：内部利益）

第13章 製造業・本社工場会計

解答・解説編

57 製造業

《解答》 ②

《解説》 （単位：円）

（製造）	48,000	（材料仕入）	27,600※1
		（賃金）	11,600
		（製造経費）	7,400※2
		（減価償却費）	1,000※3
		（材料棚卸減耗費）	400※4

※1 6,000（期首）+30,000−8,400=27,600

※2 8,000−600=7,400

※3 $100,000 \times 0.9 \times \frac{1年}{45年} \times 50\% = 1,000$

※4 8,400−8,000=400

（製造）	10,000	（繰越仕掛品）	10,000
（繰越仕掛品）	7,000	（製造）	7,000

※ $\frac{12,000+10,000+48,000}{76,000+14,000+10,000}=0.7$

∴ 10,000×0.7=7,000

（製品）	51,000	（製造）	51,000

※ 48,000+10,000−7,000=51,000

（製品）	12,000	（繰越製品）	12,000

（繰　越　製　品）　9,800　　　（製　　　　品）　9,800

※　14,000×0.7＝9,800

（売　上　原　価）　53,200　　　（製　　　　品）53,200

※　51,000＋12,000－9,800＝53,200

58 当期製品製造原価

《解答》　④

《解説》　　　　（単位：万円）

製品原価の流れを示すと以下のようになる。

＜工場＞　　製　品

首　5,000※1	売原 ※7 29,000
当期完成 30,000 貸借差額	未　6,000※2

（工場の売原 29,000 ×1.25 → 本社の当期仕入 36,250）

＜本社＞　　製　品

首　3,750※3	売原 ※5 30,000
当期仕入 36,250※6	未　10,000※4

※1　工場期首製品棚卸高をAとおくと

$$A \times 0.3 \times \frac{0.2}{1.2} = 250$$

∴　A＝5,000

※2　工場期末製品棚卸高をBとおくと

$$B \times 0.3 \times \frac{0.2}{1.2} = 300$$

∴　B＝6,000

※3　本社期首製品棚卸高をCとおくと

$$C \times \frac{0.25}{1.25} + C \times \frac{1}{1.25} \times 0.3 \times \frac{0.2}{1.2} = 900$$

∴　C＝3,750

※4　本社期末製品棚卸高（未達考慮前）をDとおくと

$$D \times \frac{0.25}{1.25} + D \times \frac{1}{1.25} \times 0.3 \times \frac{0.2}{1.2} = 900$$

$D = 3{,}750$

∴　本社期末製品棚卸高（未達考慮後）は10,000（＝3,750＋6,250）
未達

※5　本社帳簿上の製品売上原価をEとおくと

$$E - \left(E \times \frac{0.25}{1.25} + E \times \frac{1}{1.25} \times 0.3 \times \frac{0.2}{1.2}\right) = 22{,}800$$

∴　$E = 30{,}000$

※6　貸借差額

※7　$36{,}250 \times \frac{1}{1.25} = 29{,}000$

以上より、工場の帳簿上の当期製品製造原価の金額は30,000となる。

59　内部利益

《解答》　③

《解説》　（単位：円）

1．本問のフロー・チャート

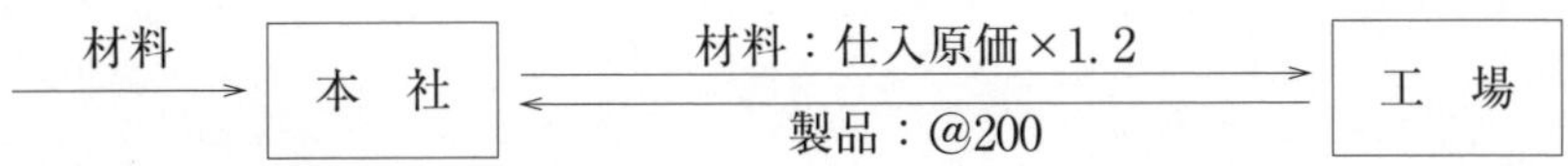

2．内部利益の算定

(1)　工場製品

$$(@160 \times 50個) \times 60\% \times \frac{0.2}{1.2} = 800$$

(2)　本社製品

①　工場が付加した内部利益

$(@200 - @160) \times 20個 = 800$

②　本社が付加した内部利益

$$@160\times 20個\times 60\%\times \frac{0.2}{1.2}=320$$

∴　(1)＋(2)①＋(2)②＝1,920

3．公表用貸借対照表上の製品の金額

(@160×50個－800)＋(@200×20個－1,120)＝10,080

第14章 外貨建会計

解答・解説編

60 外貨建有価証券

《解答》 ⑥

《解説》 （以下、単位：千円）

1．各有価証券の会計処理

(1) A社株式

（有　価　証　券）　6,414　（有価証券評価益）　6,414

※　前期末の貸借対照表価額：666千ドル×@103円＝68,598

当期末の貸借対照表価額：658千ドル×@114円＝75,012

75,012－68,598＝6,414

なお、切放法を前提として会計処理を示しているが、洗替法を採用した場合でも解答の金額は異ならない。

(2) B社社債

（投資有価証券）　13,100※2　（有価証券利息）　3,210※1

（為　替　差　損　益）　9,890※3

※1　30千ドル［＝（1,000千ドル－880千ドル）÷4年］×@107円＝3,210

※2　取得原価：880千ドル×@103円＝90,640

貸借対照表価額：910千ドル［＝880千ドル＋30千ドル］×@114円＝103,740

103,740－90,640＝13,100

※３　貸借差額

⑶　Ｃ社株式

関係会社株式は、取得原価をもって貸借対照表価額とするため、換算差額等は生じない。

⑷　Ｄ社株式

（投資有価証券）	9,810※１	（繰延税金負債）	3,924※２
		（その他有価証券評価差額金）	5,886※３

※１　取得原価：748千ドル×@105円＝78,540

貸借対照表価額：775千ドル×@114円＝88,350

88,350－78,540＝9,810

※２　9,810×40％＝3,924

※３　貸借差額

⑸　Ｅ社社債

（投資有価証券）	30,100※１	（有価証券利息）	8,025※２
		（繰延税金負債）	8,830※３
		（その他有価証券評価差額金）	13,245※４

※１　取得原価：1,700千ドル×@103円＝175,100

貸借対照表価額：1,800千ドル×@114円＝205,200

205,200－175,100＝30,100

※２　75千ドル［＝(2,000千ドル－1,700千ドル)÷４年］×@107円＝8,025

※３　(30,100－8,025)×40％＝8,830

※4　貸借差額

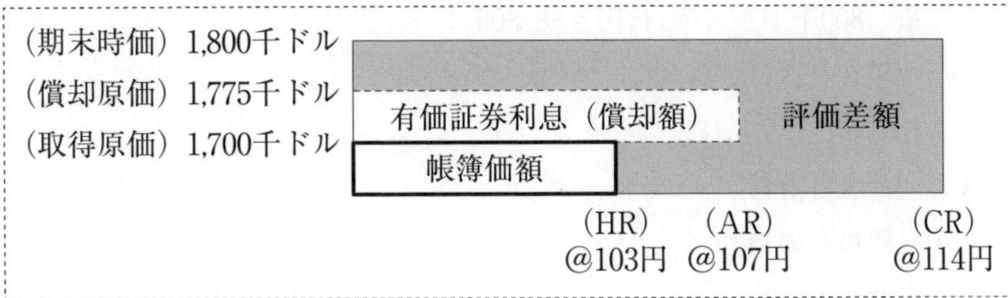

2．解答の金額

(1)　有価証券 (流動資産)

75,012［A］ ⇒○

(2)　投資有価証券 (固定資産)

103,740［B］＋88,350［D］＋205,200［E］＝397,290　⇒○

(3)　その他有価証券評価差額金

5,886［D］＋13,245［E］＝19,131　⇒○

(4)　有価証券評価益

6,414［A］ ⇒○

(5)　有価証券利息

3,210［B］＋8,025［E］＝11,235　⇒○

(6)　為替差益

9,890［B］ ⇒○

以上より、**6個**が正しい。

61　為替予約 (その1)

《解答》　⑤

《解説》　(以下、単位：千円)

1．×2年3月3日の為替予約に関する会計処理 (取引より後に予約)

(1)　×2年2月7日

（仕　　　　入）　88,800　　（買　掛　金）　88,800

※　800千ドル×@111円＝88,800

⑵　x2年３月３日

仕　訳　な　し

⑶　x2年３月31日

①　買掛金の換算

（買　掛　金）　6,400　　（為 替 差 損 益）　6,400

※　800千ドル×（@111円－@103円）＝6,400

②　為替予約の時価評価

（為 替 差 損 益）　6,400　　（為　替　予　約）　6,400

※　800千ドル×（@104円－@112円）＝△6,400

デリバティブ取引である為替予約は、原則として期末に時価評価を行い、評価差額は損益として処理する。

２．x2年２月17日の為替予約に関する会計処理（予定取引に対するヘッジ）

⑴　x2年２月17日

仕　訳　な　し

⑵　x2年３月31日（為替予約の時価評価）

（繰延ヘッジ損益）　8,640※２　　（為　替　予　約）　14,400※１

（繰 延 税 金 資 産）　5,760※３

※１　1,200千ドル×（@105円－@117円）＝△14,400

※２　14,400×（１－40％）＝8,640

※３　14,400×40％＝5,760

ヘッジ会計を適用するため、為替予約の評価差額は損益とせず、次期に繰り延べる。

３．解答の金額

6,400＋14,400＝**20,800**（正味の債務）

62 為替予約（その２）

《解答》 ⑤

《解説》 （単位：千円）

１．借入時の仕訳

（現金預金）	972,000	（借入金）	972,000

※　9,000千ドル×108円/ドル＝972,000

２．為替予約時

（為替差損益）	18,000※２	（借入金）	45,000※１
（前払費用）	27,000※３		

※１　9,000千ドル×(113円/ドル－108円/ドル)＝45,000

※２　9,000千ドル×(110円/ドル－108円/ドル)＝18,000（直直差額）

※３　9,000千ドル×(113円/ドル－110円/ドル)＝27,000（直先差額）

３．決算時

（為替差損益）	2,700	（前払費用）	2,700

※　$27,000\times\frac{3\text{ヶ月}(\text{x}1/10\sim\text{x}1/12)}{30\text{ヶ月}(\text{x}1/10\sim\text{x}4/3)}=2,700$

よって、当期に計上される為替差損益の金額は、18,000＋2,700＝20,700となる。

63 為替予約（その３）

《解答》 ③

《解説》 （単位：千円）

１．ＫＴ銀行

(1)　未処理事項

（借入金）	500	（為替差損益）	500

※　(120.5円／ドル－118円／ドル)×200千ドル＝500（直直差額）

（為替差損益）	300※２	（借入金）	1,200※１
（長期前払費用）	900※３		

※１　(124円／ドル－118円／ドル)×200千ドル＝1,200（直先差額）

※２　$1,200\times\frac{5ヶ月（12年11月1日〜13年3月31日）}{20ヶ月（12年11月1日〜14年6月30日）}=300$

※３　貸借差額

⑵　経過勘定

（支払利息）	300	（未払費用）	300

※　$200千ドル\times5\%\times\frac{3ヶ月}{12ヶ月}\times120円／ドル=300$

２．ＭＡ銀行

⑴　修正事項

（為替差損益）	300※２	（為替差損益）	1,350※１
（前払費用）	1,050※３		

※１　(122円／ドル－119円／ドル) ×450千ドル＝1,350（直先差額）

※２　$1,350\times\frac{2ヶ月（13年2月1日〜13年3月31日）}{9ヶ月（13年2月1日〜13年10月31日）}=300$

※３　貸借差額

⑵　経過勘定

（支払利息）	915	（未払費用）	915

※　$450千ドル\times4\%\times\frac{5ヶ月}{12ヶ月}\times122円／ドル=915$

∴　(A)　支払利息：610＋300＋915＝1,825

　　(B)　為替差損益：1,450－500＋300＋300－1,350＝200（借方）

64 在外支店の財務諸表項目の換算

《解答》　⑤

《解説》

１．ロサンゼルス支店

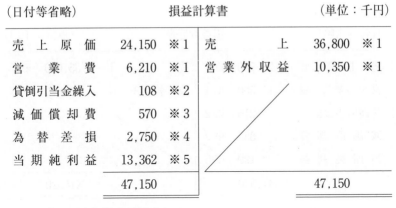

(日付等省略)　貸借対照表　(単位：千円)

現金	7,560	※1	買掛金	7,020	※1
売掛金	8,640	※1	貸倒引当金	108	※1
建物	19,000	※2	減価償却累計額	1,710	※2
			本店	13,000	※3
			当期純利益	13,362	※4
	35,200			35,200	

※1　決算時の為替相場を適用する。

※2　取得時の為替相場を適用する。

※3　本店のロサンゼルス支店勘定

※4　貸借差額

(日付等省略)　損益計算書　(単位：千円)

売上原価	24,150	※1	売上	36,800	※1
営業費	6,210	※1	営業外収益	10,350	※1
貸倒引当金繰入	108	※2			
減価償却費	570	※3			
為替差損	2,750	※4			
当期純利益	13,362	※5			
	47,150			47,150	

※1　期中平均相場を適用する。

※2　決算時の為替相場を適用する。

※3　取得時の為替相場を適用する。

※4　貸借差額

※5　貸借対照表より移記する。

2．ニューヨーク支店

(日付等省略)　　貸借対照表　　(単位：千円)

現金	8,640	※1	買掛金	9,180	※1
売掛金	10,800	※1	貸倒引当金	216	※1
建物	38,000	※2	減価償却累計額	2,565	※2
			本店	45,280	※3
			当期純利益	199	※4
	57,440			57,440	

※1　決算時の為替相場を適用する。

※2　取得時の為替相場を適用する。

※3　本店のニューヨーク支店勘定

※4　貸借差額

(日付等省略)　　損益計算書　　(単位：千円)

売上原価	28,750	※1	売上	35,650	※1
営業費	11,500	※1	為替差益	5,870	※4
貸倒引当金繰入	216	※2			
減価償却費	855	※3			
当期純利益	199	※5			
	41,520			41,520	

※1　期中平均相場を適用する。

※2　決算時の為替相場を適用する。

※3　取得時の為替相場を適用する。

※4　貸借差額

※5　貸借対照表より移記する。

65 在外子会社の財務諸表項目の換算

《解答》 ③

《解説》 (単位：千円)

・外貨建財務諸表の換算

損益計算書

F社 自×3年4月1日 至×4年3月31日

売上原価	552,000※1	売上高	736,000※1
諸費用	156,430※2	為替差益	30※3
当期純利益	27,600※1		
	736,030		736,030

※1 ドルベースの金額×115円/ドル（当期AR）

※2 （1,360千ドル－500千ドル×2.4％÷2）×115円/ドル＋500千ドル×2.4％÷2×120円/ドル＝156,430

※3 貸借差額

株主資本等変動計算書（利益剰余金）

F社 自×3年4月1日 至×4年3月31日

剰余金の配当	2,240※3	当期首残高	8,400※1
当期末残高	33,760※4	当期純利益	27,600※2
	36,000		36,000

※1 80千ドル×105円/ドル＝8,400

（前期首に設立したので、期首留保利益はすべて前期ARで換算）

※2 P/Lより

※3 20千ドル×112円/ドル＝2,240

※4 貸借差額

貸借対照表

F社　　　　　　　　　×4年3月31日

現金預金	128,640※1	買掛金	132,000※1
売掛金	164,640※1	借入金	60,000※1
商品	48,000※1	資本金	300,000※2
建物	126,720※1	利益剰余金	33,760※3
土地	120,000※1	為替換算調整勘定	62,240※4
	588,000		588,000

※1　ドルベースの金額×120円/ドル（CR）

※2　3,000千ドル×100円/ドル（支配獲得時レート）＝300,000

※3　S/Sより

※4　貸借差額

第15章 企業結合・事業分離

解答・解説編

66 合　　併（その1）

《解答》　⑤

《解説》　　　　　　　　　　　　　　　　　　　　　　（以下、単位：百万円）

1．B社との合併仕訳

（諸　資　産）	22,000※1	（諸　負　債）	14,000※1
（の　れ　ん）	2,000※4	（資　本　金）	6,150※2
		（資本剰余金）	2,050※3
		（自己株式）	1,800

※1　資産及び負債の時価

※2　（@1,000百円×10万株－1,800）×75％＝6,150

※3　（@1,000百円×10万株－1,800）×25％＝2,050

※4　貸借差額

2．資本剰余金の算定

3,000＋2,050＝5,050

67 合　　併（その2）

《解答》　④

《解説》　　　　　　　　　　　　　　　　　　　　　　（以下、単位：千円）

1．交付株式数の算定

(1)　合併比率

合併に際して算定された一株当たり企業価値の比率により、

@550円：@220円＝１：0.4

⑵　交付株式数

3,500千株×0.4＝1,400千株

2．A社の個別財務諸表上の会計処理

（現　　金）	21,500	（借　入　金）	364,500
（売　掛　金）	178,000	（企業結合に係る特定勘定）	13,500※3
（土　　地）	888,000※1	（払　込　資　本）	840,000※4
（無　形　資　産）	42,000※2		
（の　れ　ん）	**88,500**※5		

※1　企業結合日における時価

※2　受け入れた資産に法律上の権利など分離して譲渡可能な無形資産が含まれる場合には、識別可能資産として取扱う。

※3　企業結合に係る特定勘定は、取得後に発生することが予測される特定の事象に対応した費用又は損失であって、その発生の可能性が取得の対価の算定に反映されている場合（取得の対価がそれだけ減額されている場合）において負債として認識する。

※4　@600円［企業結合日の株価］×1,400千株［交付株式数］＝840,000

取得原価は、企業結合日の株価をもって算定される。

※5　貸借差額

68 株式交換（その1）

《解答》　③

《解説》　（以下、単位：千円）

1．関係会社株式（乙社）の金額

2,500株×0.8×90／株＝180,000

なお、乙社との株式交換は取得と判定されたため、完全親会社となる甲社が交付した株式の時価をもって関係会社株式の金額となる。

2．関係会社株式

180,000

69 株式交換（その２）

《解答》 ⑥

《解説》　（以下、単位：千円）

1．取引の概要

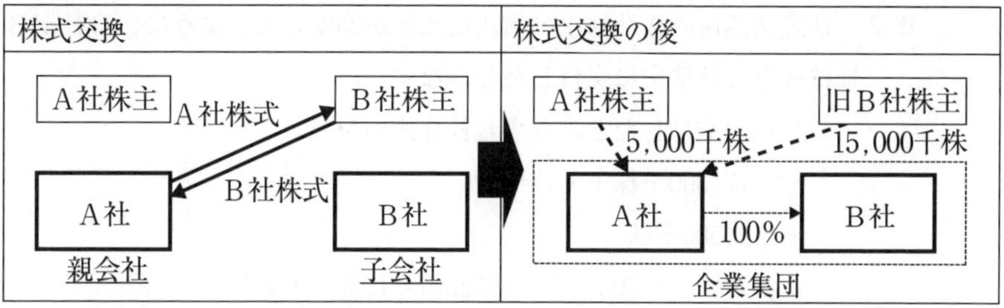

交付株式数：7,500千株×２＝15,000千株、なお、株式交換後の議決権比率は次のとおり。

Ａ社株主：5,000千株／(5,000千株＋15,000千株)＝25％

旧Ｂ社株主：15,000千株／(5,000千株＋15,000千株)＝75％

2．Ａ社の個別財務諸表上の会計処理（逆取得）

(1) Ｂ社株式の受け入れ

（Ｂ　社　株　式）	1,763,000※１	（資　　本　　金）	881,500※２
		（資 本 剰 余 金）	881,500※２

※１　1,150,000＋316,000＋297,000＝1,763,000［Ｂ社株主資本］

※２　1,763,000÷２＝881,500

(2) 株式交換直後におけるＡ社の個別貸借対照表に計上される資本金の金額

500,000＋881,500＝1,381,500

3．B社の連結財務諸表上の会計処理

《起点：株式交換直前のB社連結貸借対照表（＝株式交換直前のB社個別貸借対照表）》

(1) 資産・負債の受け入れ

（諸　資　産）	865,000	（諸　負　債）	289,000
（土　　　地）	238,500※1	（払 込 資 本）	1,300,000※2
（の　れ　ん）	485,500※3		

※1　時価

※2　株式交換後のA社株主の議決権比率が25％となるように、B社がB社株式をA社株主に交付したとみなす。

① B社が交付したとみなすB社株式の数

x ÷（7,500千株＋x）＝25％

x ＝2,500千株

② 支払対価　2,500千株×@520円＝1,300,000

※3　貸借差額

(2) 増加する払込資本の内訳の調整

（払 込 資 本）	1,300,000	（資　本　金）	231,500※1
		（資 本 剰 余 金）	1,068,500※2

※1　1,381,500－1,150,000＝231,500

資本金の額をA社の資本金の額に修正する。

※2　1,300,000－231,500＝1,068,500

増加する払込資本のうち、資本金とした金額以外の残額を資本剰余金とする。

(3) 株式交換直後におけるA社の連結貸借対照表に計上される資本剰余金の金額

316,000＋1,068,500＝**1,384,500**

70 株式移転

《解答》 ②

《解説》 （単位：千円）

1．個別貸借対照表に計上される関係会社株式の金額

$\underbrace{300,000+150,000}_{\text{A社株式}}+\underbrace{500\times1,500\text{株}\times0.5}_{\text{B社株式}}=825,000$

※ A社が取得企業、B社が被取得企業であるため、A社株式は適正な帳簿価額、B社株式は取得の対価（X社株式）の時価で計上する。

2．連結貸借対照表に計上されるのれんの金額

(1) B社に対する投資額

500×1,500株×0.5＝375,000

(2) のれんの算定

$375,000-\underbrace{(200,000+140,000+30,000)}_{\text{B社諸資産の時価}}=5,000$

71 事業分離（その１）

《解答》 ①

《解説》 （以下、単位：千円）

1．投資が清算されたとみる場合

（B 事 業 負 債）	36,000	（B 事 業 資 産）	140,000
（投資有価証券）	112,000※1	（移 転 利 益）	8,000※2

※1 56／株×2,000株＝112,000

※2 貸借差額

2．投資が継続するとみる場合

（B 事 業 負 債）	36,000	（B 事 業 資 産）	140,000
（関係会社株式）	104,000※		

※ 貸借差額

72 合　併（その３）

《解答》　①

《解説》　（単位：千円）

1．クウィック・メソッド

	×13/3/31		×15/4/1
資本金	300,000		300,000
資本剰余金	100,000		100,000
利益剰余金	100,000		180,000
評価差額	20,000		20,000
	520,000		600,000
持分比率	80%		100%
のれん	2,000※1	△200※2	1,800
	資本剰余金		△500※3

※1　418,000－520,000×80%＝2,000

※2　$2{,}000\times\frac{2年}{20年}=200$

※3　120,500－600,000×20%＝500

2．貸借対照表に計上されるのれんの金額

1,800

※　親会社による子会社の吸収合併は、親会社が子会社の非支配株主より持分を追加取得した場合と同様に考えることができる。

73 事業分離（その２）

《解答》 ③

《解説》 （単位：千円）

1．Ｐ社の各事業に対する持分比率の分析

Ａ事業：100％⇒60％　∴　40％の減少

Ｃ事業：０％⇒60％　∴　60％の増加

以上より、当該事業分離はＡ事業に対する持分の40％とＣ事業に対する持分の60％を交換したと考えることができる。

2．資本剰余金の算定（Ａ事業に対する40％の減少）

（対　　価）	48,000※２	（非支配株主持分）	40,000※１
		（資 本 剰 余 金）	8,000※３

※１　100,000×40％＝40,000

※２　120,000×40％＝48,000

※３　貸借差額

3．のれんの算定（Ｃ事業に対する60％の増加）

（株 主 資 本）	70,000	（対　　価）	48,000※２
（評 価 差 額）	6,000※１	（非支配株主持分）	30,400※３
（の れ ん）	2,400※４		

※１　76,000－70,000＝6,000

※２　80,000×60％＝48,000

※３　76,000×40％＝30,400

※４　貸借差額

74 事業分離（その3）

《解答》 ④

《解説》 （以下、単位：千円）

1．B社がA社の子会社となる場合

(1) A社個別財務諸表上の会計処理（投資の継続）

（子会社株式）	45,000※2	（諸資産）	46,000※1
（その他有価証券評価差額金）	1,000※1		

※1 帳簿価額

※2 甲事業の株主資本相当額

(2) B社個別財務諸表上の会計処理（逆取得［新たに子会社となる場合］または共通支配下の取引［従来より子会社である場合］）

（諸資産）	46,000※1	（その他有価証券評価差額金）	1,000※1
		（払込資本）	45,000※2

※1 帳簿価額

※2 甲事業の株主資本相当額

2．B社がA社の関連会社となる場合

(1) A社個別財務諸表上の会計処理（投資の継続）

（関連会社株式）	45,000※2	（諸資産）	46,000※1
（その他有価証券評価差額金）	1,000※1		

※1 帳簿価額

※2 甲事業の株主資本相当額

(2) B社個別財務諸表上の会計処理（取得）

（諸資産）	47,500※1	（払込資本）	50,000※2
（のれん）	2,500※3		

※1 諸資産の時価

※2 支払対価の時価

※3 貸借差額

3．B社がA社のその他投資先となる場合

(1)　A社個別財務諸表上の会計処理（投資の清算）

(投資有価証券)	50,000※2	(諸　資　産)	46,000※1
(その他有価証券評価差額金)	1,000※1	(移　転　利　益)	5,000※3

※1　帳簿価額

※2　受取対価の時価

※3　貸借差額

(2)　B社個別財務諸表上の会計処理（取得）

(諸　資　産)	47,500※1	(払　込　資　本)	50,000※2
(の　れ　ん)	2,500※3		

※1　諸資産の時価

※2　支払対価の時価

※3　貸借差額

4．解答

ア．事業分離後にB社がA社の子会社となる場合、A社個別財務諸表上において移転損益は計上されない。

⇒　正しい。

イ．事業分離後にB社がA社の子会社となる場合、B社個別財務諸表上においてのれんは計上されない。

⇒　正しい。

ウ．事業分離後にB社がA社の関連会社となる場合、A社個別財務諸表上において5,000千円の移転利益が計上される。

⇒　誤り。移転損益は計上されない。

エ．事業分離後にB社がA社の関連会社となる場合、B社個別財務諸表上においてのれんは計上されない。

⇒　誤り。2,500千円ののれんが計上される。

オ．事業分離後にB社がA社の子会社および関連会社以外の会社となる場合、A社個別財務諸表上において5,000千円の移転利益が計上される。

⇒　正しい。

カ．事業分離後にＢ社がＡ社の子会社および関連会社以外の会社となる場合、Ｂ社個別財務諸表上において2,500千円ののれんが計上される。

⇒　正しい。

よって、正しい記述は**4個**である。

75 共同支配企業の形成

《解答》　①

《解説》　（以下、単位：千円）

1．取引の概要

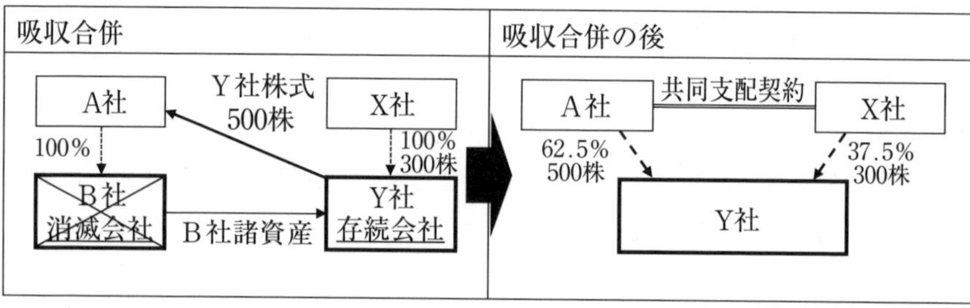

吸収合併後持分比率：500株／(300株＋500株)＝62.5%

2．Ａ社の連結財務諸表上の会計処理

(1)　クウィック・メソッド

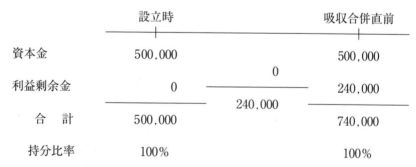

	設立時		吸収合併直前
資本金	500,000		500,000
利益剰余金	0	0	240,000
合　計	500,000	240,000	740,000
持分比率	100%		100%

(2)　吸収合併に関する連結財務諸表上の会計処理

共同支配企業に対する投資について持分法を適用する。よって、**3．～6．**

は誤りである。

《起点：吸収合併直前のＡ社個別貸借対照表》

① 持分法の適用

(共同支配企業株式)	240,000	(利益剰余金)	240,000

※ 取得後利益剰余金を計上し、投資勘定を持分法評価額740,000［＝500,000＋240,000］とする。

本来であれば吸収合併直前のＡ社連結貸借対照表を起点として連結除外の処理を行うべきであるが、吸収合併直前のＡ社個別貸借対照表を起点として持分法を適用すれば同様の結果が得られる。

② Ｂ社持分の売却〔100％→62.5％〕

(対価)	300,000※１	(共同支配企業株式)	277,500※２
		(持分変動差額)	22,500※３

2．→×

※１ 800,000×（１－62.5％）＝300,000

※２ 740,000×（１－62.5％）＝277,500

※３ 貸借差額

③ Ｙ社持分の取得〔なし→62.5％〕

(共同支配企業株式)	300,000	(対価)	300,000

※ 480,000×62.5％＝300,000

④ 対価BOX

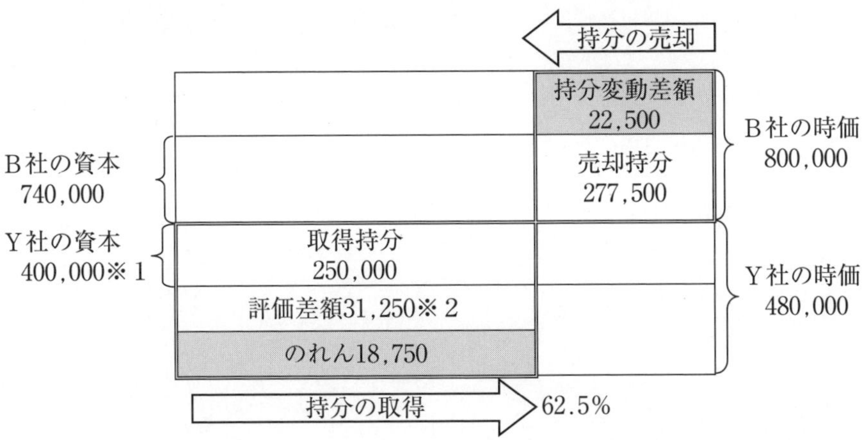

＊1　300,000＋100,000＝400,000

＊2　(700,000－650,000)×62.5％＝31,250

(3)　吸収合併直後のA社連結貸借対照表に計上される投資額

対価BOXより、(740,000＋480,000)×62.5％＝**762,500**

または、500,000＋240,000－277,500＋300,000＝**762,500**

1．→○

第16章 連結会計

解答・解説編

76 利益剰余金の算定（その1）

《解答》 ②

《解説》　　　　　　　　　　　　　　　　　　　　（単位：千円）

1．クウィック・メソッド

	×10年度末		×11年度末
資本金	350,000		350,000
資本剰余金	75,000		75,000
利益剰余金	155,000	18,200 46,800	220,000
評価差額	5,000		5,000
合計	585,000		650,000
持株比率	72%		72%
のれん	18,000※	△900	

※　(61,000＋378,200)－585,000×72%＝18,000
（378,200：時価）

2．×11年度末連結貸借対照表上の利益剰余金の計算

456,000＋220,000－(155,000＋18,200＋900)＋800＝502,700
（800：段階取得に係る差益）

または、

456,000＋46,800－900＋800＝502,700
（800：段階取得に係る差益）

77 利益剰余金の算定（その２）

《解答》　②

《解説》　　　　　　　　　　　　　　　　　　　　　　　　（単位：千円）

1．クウィック・メソッド

	×1/3末		×2/3末		×3/3末		×4/3末
資本金	250,000		250,000		250,000		250,000
利益剰余金	150,000	4,800 / 7,200	162,000	2,600 / 10,400	175,000	2,800 / 11,200	189,000※3
評価差額	20,000		20,000		20,000		20,000
計	420,000		432,000		445,000		459,000
持株比率	60%		80%		80%		80%
のれん	6,000※1	△600		△600		△600	

資本剰余金　△900※2

※1　258,000－420,000×60%＝6,000

※2　87,300－432,000×20%＝900

※3　175,000＋44,000－30,000＝189,000

2．連結修正仕訳（資本連結以外）

(1)　売上高・売上原価の相殺、未実現利益の調整

①　売上高・売上原価の相殺

（売　上　高）　90,000　　（売　上　原　価）　90,000

②　未実現利益の調整

（利益剰余金当期首残高）　1,080※3　　（売　上　原　価）　1,350※1

（非支配株主に帰属する当期純損益）　270※2

※1　5,400×25%＝1,350

※2　1,350×20%＝270

※3　貸借差額

（売　上　原　価）　1,500　　（商　　品）　1,500※1

（非支配株主持分）　300　　（非支配株主に帰属する当期純損益）　300※2

※1　6,000×25%＝1,500

※2　1,500×20％＝300

⑵　債権債務の相殺

（支　払　手　形）	10,000	（受　取　手　形）	10,000
（買　　掛　　金）	12,000	（売　　掛　　金）	12,000

⑶　貸倒引当金の調整

（貸倒引当金繰入）	400	（利益剰余金当期首残高）	400※1
（貸　倒　引　当　金）	440	（貸倒引当金繰入）	440※2

※1　(9,000＋11,000)×２％＝400

※2　(10,000＋12,000)×２％＝440

なお、貸倒引当金の修正に伴い、非支配株主へ負担させる考え方もあるが、その方法を採用した場合の解答は、本問にはない。

3．利益剰余金期末残高の算定

当期の利益剰余金当期末残高は、次期の利益剰余金当期首残高と同じであるので、次期の利益剰余金当期首残高を算定する。

78　持分の一部売却

《解答》　④

《解説》　（単位：千円）

1．クウィック・メソッド

	×1/3末		×2/3末
資　本　金	30,000		30,000
利益剰余金	15,000	1,200 / 10,800　売却益△3,000※3　法人税　＋144※5	27,000
評価差額※1	1,800		1,800
合　　計	46,800		58,800
持株比率	90％		60％
の れ ん 2,880※2		△288	
		資本剰余金	360※4 △144※5

※1　(18,000－15,000)×60%＝1,800

※2　45,000－(30,000＋15,000＋1,800)×90%＝2,880

※3　18,000－15,000＝3,000

※4　18,000－17,640＝360

※5　360×40%＝144

2．連結消去・振替仕訳（売却に係る部分のみ）

（S　社　株　式）	15,000※1	（非支配株主持分）	17,640※2
（S社株式売却益）	3,000※3	（資　本　剰　余　金）	360※4
（資　本　剰　余　金）	144※5	（法　人　税　等）	144

※1　$45,000\times\frac{30\%}{90\%}=15,000$

※2　58,800×30%＝17,640

※3　18,000－15,000＝3,000（P社個別上の売却益）

※4　18,000－17,640＝360

※5　360×40%＝144

79 持分法

《解答》　①

《解説》　（単位：千円）

1．クウィック・メソッド・連結修正仕訳（資本項目のみ）

(1)　持分比率が35%の場合（〔ケース1－1〕・〔ケース1－2〕）

	×1年12月31日		×2年12月31日		×3年12月31日
資本合計	80,000	P持 1,750	85,000	P持 3,850	96,000
持分比率	35%		35%		35%

①　開始仕訳

（A　社　株　式）	1,750	（利益剰余金当期首残高）	1,750

②　当期純利益の計上

（A　社　株　式）	5,250	（持分法による投資損益）	5,250

※　15,000×35％＝5,250

③　配当金の相殺

（受 取 配 当 金） 1,400　　（A 社 株 式） 1,400

※　4,000×35％＝1,400

⑵　持分比率が65％の場合（〔ケース２－１〕・〔ケース２－２〕）

	×1年12月31日		×2年12月31日		×3年12月31日
資本合計	80,000	P持 3,250	85,000	P持 7,150	96,000
持分比率	65％		65％		65％

①　開始仕訳

（A 社 株 式） 3,250　　（利益剰余金当期首残高） 3,250

②　当期純利益の計上

（A 社 株 式） 9,750　　（持分法による投資損益） 9,750

※　15,000×65％＝9,750

③　配当金の相殺

（受 取 配 当 金） 2,600　　（A 社 株 式） 2,600

※　4,000×65％＝2,600

２．未実現利益の消去

⑴〔ケース１－１〕

①　開始・実現仕訳

（利益剰余金当期首残高） 175　　（売 上 高） 175

※　2,500×20％×35％＝175

②　当期末の未実現利益消去の仕訳

（売 上 高） 196　　（A 社 株 式） 196

※　2,800×20％×35％＝196

⑵〔ケース１－２〕

①　開始・実現仕訳

（利益剰余金当期首残高） 175　　（持分法による投資損益） 175

※　2,500×20％×35％＝175

② 当期末の未実現利益消去の仕訳

（持分法による投資損益） 196 （棚 卸 資 産） 196

※ 2,800×20%×35%＝196

(3)〔ケース2－1〕

① 開始・実現仕訳

（利益剰余金当期首残高） 500 （売 上 高） 500

※ 2,500×20%＝500

② 当期末の未実現利益消去の仕訳

（売 上 高） 560 （A 社 株 式） 560

※ 2,800×20%＝560

(4)〔ケース2－2〕

① 開始・実現仕訳

（利益剰余金当期首残高） 325 （持分法による投資損益） 325

※ 2,500×20%×65%＝325

② 当期末の未実現利益消去の仕訳

（持分法による投資損益） 364 （棚 卸 資 産） 364

※ 2,800×20%×65%＝364

以上より、

〔ケース1－1〕

(ア) A 社 株 式：33,404 96,000×35%－196＝33,404

(イ) 持分法による投資利益： 5,250 当期純利益の按分に係るもののみ

〔ケース1－2〕

(ア) A 社 株 式：33,600 96,000×35%＝33,600

(イ) 持分法による投資利益： 5,229 5,250＋175－196＝5,229

〔ケース2－1〕

(ア) A 社 株 式：61,840 96,000×65%－560＝61,840

(イ) 持分法による投資利益： 9,750 当期純利益の按分に係るもののみ

〔ケース2－2〕

(ア) A 社 株 式：62,400 96,000×65%＝62,400

(イ) 持分法による投資利益： 9,711　9,750＋325－364＝9,711

80 評価差額の実現等

《解答》 ①

《解説》 （以下、単位：千円）

1．評価差額

(1) 土地

（土　地）	23,000	（評価差額）	23,000

※　97,000－74,000＝23,000

(2) 建物

① 評価差額の計上

（建　物）	20,000	（評価差額）	20,000

※　86,000－66,000＝20,000

② 評価差額の実現（×5年4月～×8年3月）

（利益剰余金） 減価償却費	3,750	（減価償却累計額）	3,750

※　20,000÷16年×3年＝3,750

2．クウィック・メソッド

	×5.3.31		×8.3.31
資本金	370,000		370,000
資本剰余金	170,000		170,000
利益剰余金	210,000	7,570 30,280	247,850※1
自己株式	△43,200		△43,200
評価差額	43,000※2		43,000
合計	749,800		787,650
持分比率	80%※3		80%

＊1　251,600－3,750＝247,850

＊2　23,000＋20,000＝43,000

＊3　7,600株÷(10,000株－500株)＝80％

> 子会社の貸借対照表において純資産の部に記載されている新株予約権は子会社の資本には含まれず、自己株式は子会社の資本に含まれる。
> なお、のれんは解答に関係がないため、算定等は省略する。

3．解答の金額

上記クウィック・メソッドより、787,650×(1－80％)＝**157,530**

81 在外子会社の連結（その1）

《解答》　⑤

《解説》　　　　　　　　　　　　　　　　　　　　　　　　（単位：千円）

1．クウィック・メソッド

	×4/3/31		×6/3/31
資本金	85,000※1		85,000
利益剰余金	25,500※1		41,420※2
評価差額	17,000※1		17,000
為替換算調整勘定	0	4,456 6,684	11,140※4
	127,500		154,560※3
持分比率	60％		60％
のれん	5,100※5	償却　△528※6 為調　＋396※8	4,968※7

※1　当日の資本勘定×@85

※2　25,500＋(370千ドル－300千ドル)×@86＋(480千ドル－370千ドル)×@90
　　　（×4年度利益）　　　　　（×5年度利益）

＝41,420

※3　(1,000千ドル＋480千ドル＋200千ドル)×@92＝154,560

※４　154,560－(85,000＋41,420＋17,000)＝11,140

※５　960千ドル－(1,000千ドル＋300千ドル＋200千ドル)×60％＝60千ドル

60千ドル×@85＝5,100

※６　60千ドル÷20年＝３千ドル

３千ドル×@86（×4年度償却額）＋３千ドル×@90（×5年度償却額）＝528

※７　(60千ドル－３千ドル×２年)×@92＝4,968

※８　528＋4,968－5,100＝396

２．連結貸借対照表に計上される為替換算調整勘定

6,684＋396＝7,080

82　在外子会社の連結（その２）

《解答》　②

《解説》　（以下、単位：千円）

１．個別財務諸表上の会計処理

⑴　Ｐ社

(現金預金)	15,660※１	(機械装置)	13,800
		(固定資産売却益)	1,860※２

※１　180千ドル×@87円＝15,660

※２　貸借差額

⑵　Ｓ社（単位：千ドル、なお、便宜上直接控除法により示す。）

(機械装置)	180	(現金預金)	180
(減価償却費)	27※	(機械装置)	27

※　180×９ヶ月÷(５年×12ヶ月)＝27

２．連結修正仕訳

(固定資産売却益)	1,860	(機械装置)	1,860
(機械装置)	279	(減価償却費)	279※

※　1,860×９ヶ月÷(５年×12ヶ月)＝279

以上より、660＋27千ドル×@90円－279＝**2,811**

83 包括利益計算書

《解答》 ④

《解説》　　(以下、単位：千円)

1．概要

本問では、連結包括利益計算書におけるその他の包括利益の金額が問われている。注記は問われていないため、組替調整額などを考慮する必要はなく、その他有価証券評価差額金、繰延ヘッジ損益および為替換算調整勘定の期首と期末の差額を求めれば、それが解答となる。

2．その他有価証券評価差額金

(1) 期首

$\underbrace{(2,250-2,000)\times(1-40\%)}_{\text{A社株式}}+\underbrace{(3,750-3,000)\times(1-40\%)}_{\text{B社株式}}=600$

(2) 期末

$\underbrace{(3,560-3,000)\times(1-40\%)=336}_{\text{B社株式}}$

(3) その他の包括利益（その他有価証券評価差額金）

336－600＝△264

3．繰延ヘッジ損益

(1) 期首

△720

(2) 期末

△480

(3) その他の包括利益（繰延ヘッジ損益）

△480－△720＝240

4．為替換算調整勘定

(1) 期首

500

(2) 期末

800

(3)　その他の包括利益（為替換算調整勘定）

800－500＝300

5．解答の金額

△264＋240＋300＝**276**

第17章 税効果会計

解答・解説編

84 税効果会計（その1）

《解答》 ③

《解説》　　　　（単位：千円）

1．x2年度の税効果に関する仕訳

(1) 貸倒引当金

（繰延税金資産）	1,600	（法人税等調整額）	1,600

※ (12,000－8,000)×40%＝1,600

(2) 減価償却

（繰延税金資産）	1,200	（法人税等調整額）	1,200

※ $80,000\times0.9\times\frac{1年}{6年}=12,000$（会計上の減価償却費）

$80,000\times0.9\times\frac{1年}{8年}=9,000$（税法上の減価償却費）

(12,000－9,000)×40%＝1,200

(3) 賞与引当金

（法人税等調整額）	4,000	（繰延税金資産）	4,000※1
（繰延税金資産）	4,400	（法人税等調整額）	4,400※2

※1 10,000×40%＝4,000

※2 11,000×40%＝4,400

(4) 退職給付に係る負債

（法人税等調整額）	1,600	（繰延税金資産）	1,600※1

（繰 延 税 金 資 産） 10,800 （法人税等調整額） 10,800※2

※1 4,000×40％＝1,600

※2 27,000×40％＝10,800

(5) 交際費

仕訳なし（永久差異なので税効果会計の対象とならない）

2．損益計算書

損 益 計 算 書

（会計期間省略）

税引前当期純利益		124,000
法　人　税　等	62,640※1	
法人税等調整額	△12,400※2	
差　　　　引		50,240
当 期 純 利 益		73,760

※1 （124,000＋4,000＋3,000＋11,000－10,000－4,000＋27,000＋1,600）×40％＝62,640

※2 1,600＋1,200－4,000＋4,400－1,600＋10,800＝12,400

85 税効果会計（その2）

《解答》 ②

《解説》 （以下、単位：千円）

1．一時差異のまとめ

その他有価証券や永久差異については解答に影響がないため無視する。

将来減算一時差異			将来加算一時差異		
	前期末	当期末		前期末	当期末
棚卸資産	1,150 ＊1	0	有形固定資産	9,900 ＊2	5,800 ＊2
貸倒引当金	3,150	4,200			
退職給付	10,500	11,550			
合計	14,800	15,750	合計	9,900	5,800

＊1 6,900－5,750＝1,150

＊2　会計上と税務上の有形固定資産の帳簿価額の差額が将来加算一時差異になる。

	前期首		前期末		当期末
税務上の簿価	36,750	△17,250	19,500	△3,250	16,250
会計上の簿価	36,750	△7,350	29,400	△7,350	22,050
差異	0	△9,900	△9,900	＋4,100	△5,800

［参考］有形固定資産（前期の処理）

(1)　国庫補助金の受領と有形固定資産の取得

①　会計上の処理

（現　金　預　金）14,000　（国庫補助金受贈益）14,000

（有 形 固 定 資 産）36,750　（現　金　預　金）36,750

②　税務上の処理

（現　金　預　金）14,000　（益　　　　　金）14,000

（有 形 固 定 資 産）36,750　（現　金　預　金）36,750

（損　　　　　金）14,000　（有 形 固 定 資 産）14,000

(2)　減価償却費の計上

①　会計上の処理

（減 価 償 却 費）7,350　（減価償却累計額）7,350

※　36,750÷5年＝7,350

②　税務上の処理

（損　　　　　金）3,250　（減価償却累計額）3,250

※　(36,750－14,000)÷7年＝3,250

2．解答の金額

(15,750×36%－14,800×40%)［繰延税金資産の減少⇒借方］＋(9,900×40%－5,800×36%)［繰延税金負債の減少⇒貸方］＝**1,622**（貸方）

86 連結税効果

《解答》 ⑤

《解説》 （以下、単位：千円）

1．評価差額の計上

(1) Ｓ１社（納税主体：Ｓ１社）

（評価差額）	5,200※２	（土地）	8,000
（繰延税金資産）	2,800※１		

※１ 8,000×35％＝2,800

※２ 8,000×（１－35％）＝5,200

(2) Ｓ２社（納税主体：Ｓ２社）

（土地）	16,000	（評価差額）	10,880※２
		（繰延税金負債）	5,120※１

※１ 16,000×32％＝5,120

※２ 16,000×（１－32％）＝10,880

2．商品の未実現利益の消去（納税主体：Ｐ社）

（売上原価）	11,000	（商品）	11,000※１
（繰延税金資産）	3,960	（法人税等調整額）	3,960※２

※１ （24,000－18,000）＋（30,000－25,000）＝11,000

※２ 11,000×36％＝3,960

3．貸倒引当金の調整（納税主体：Ｐ社）

（貸倒引当金）	1,350	（貸倒引当金繰入額）	1,350※１
（法人税等調整額）	486	（繰延税金負債）	486※２

※１ 600＋750＝1,350

※２ 1,350×36％＝486

4．建物の未実現利益の消去（納税主体：Ｓ２社）

（建物売却益）	15,000	（建物）	15,000※１
（繰延税金資産）	4,800	（法人税等調整額）	4,800※２
（非支配株主持分）	4,080	（非支配株主に帰属する当期純損益）	4,080※３

※１　80,000－65,000＝15,000

※２　15,000×32％＝4,800

※３　(15,000－4,800)×(１－60％)＝4,080

５．解答の金額

⑴　各社の繰延税金資産および繰延税金負債をまとめた分析図

繰延税金資産		繰延税金負債	
Ｐ社	3,960	Ｐ社	486
Ｓ１社	2,800		
Ｓ２社	4,800	Ｓ２社	5,120

⑵　連結貸借対照表に計上される金額

繰延税金資産：(3,960－486)〔Ｐ社〕＋2,800〔Ｓ１社〕＝**6,274**

繰延税金負債：5,120－4,800〔Ｓ２社〕＝320

同一納税主体の繰延税金資産と繰延税金負債は、双方を相殺して表示する。

異なる納税主体の繰延税金資産と繰延税金負債は、双方を相殺せずに表示する。

納税主体とは、納税申告書の作成主体をいい、通常は企業が納税主体となる。連結上の各差異及び各差異の納税主体は以下のようになる。

一時差異	納税主体
未実現利益に係る一時差異	資産の売却元である連結会社
貸倒引当金の調整に係る一時差異	債権者側の連結会社
評価差額に係る一時差異	評価差額が生じている子会社

87 税効果会計（まとめ）

《解答》 ⑤

《解説》　（以下、単位：千円）

ア．正しい

（法人税等調整額）　12,340　（繰延税金負債）　12,340

※　1,542,500×２％×40％＝12,340

イ．正しい

⑴　火災発生時

（減価償却累計額）2,990,400※１　（建　物）7,120,000

（未　収　金）4,179,600　（保険差益）　50,000※２

※１　7,120,000×0.9÷30年×14年＝2,990,400

※２　貸借差額

⑵　決算時

（法人税等調整額）　20,000　（繰延税金負債）　20,000

※　50,000×40％＝20,000

ウ．正しい

（繰延税金資産）　2,200　（法人税等調整額）　2,200

※（69,500－64,000）×40％＝2,200

エ．誤り

会計上：定率法、税務上：定額法の場合、繰延税金資産が発生する。当該肢は44年経過しているため、繰延税金資産の解消の処理をしなければならない。したがって、当該肢は、勘定が貸借逆である。以下、仕訳及び金額を示しておく。

（法人税等調整額）　37,716　　　　（繰延税金資産）　　37,716

	会計上 減価償却費	税務上 減価償却費	差　　異	税効果額	繰延税金 資産残高
1年目	360,000	144,000	216,000	86,400	86,400
2年目	343,800	144,000	199,800	79,920	166,320
（省略）	:	:	:	:	:
20年目	150,095	144,000	6,095	2,438	773,859
21年目	143,341	144,000	△659	△264	773,595
（省略）	:	:	:	:	:
44年目	49,710	144,000	△94,290	△37,716	243,614
（省略）	:	:	:	:	:
50年目	38,021	144,000	△105,979	△42,392	0

第18章

キャッシュ・フロー計算書

解答・解説編

88 個別キャッシュ・フロー計算書（その１）

《解答》 ⑤

《解説》

（単位：千円）

キャッシュ・フロー計算書

Ⅰ 営業活動によるキャッシュ・フロー		
営業収入	1,740※１	
商品の仕入支出	−1,100※２	
人件費支出	−165	
その他の営業支出	−200※３	
小計	275	
利息の支払額	−18	
法人税等の支払額	−120	
営業活動によるキャッシュ・フロー	137	…（ア）
Ⅱ 投資活動によるキャッシュ・フロー		
有価証券の取得による支出	？	
投資活動によるキャッシュ・フロー	？	
Ⅲ 財務活動によるキャッシュ・フロー		
長期借入れによる収入	150	
長期借入金の返済による支出	−160	
株式の発行による収入	50	
配当金の支払額	−90	

財務活動によるキャッシュ・フロー	－50 …（イ）
Ⅳ　現金および現金同等物増加高	?
Ⅴ　現金および現金同等物期首残高	560
Ⅵ　現金および現金同等物期末残高	?

※1　480（売掛金期首）＋1,800（売上高）－540（売掛金期末）＝1,740

※2　1,125（売上原価）＋375（商品期末）－350（商品期首）＝1,150（仕入高）

1,150＋350（買掛金期首）－400（買掛金期末）＝1,100

※3　355－165＋50（未払金期首）－40（未払金期末）＝200

89 個別キャッシュ・フロー計算書（その2）

《解答》　③

《解説》

（以下、単位：千円）

キャッシュ・フロー計算書
（営業活動によるキャッシュ・フローのみ）

税引前当期純利益	4,500	
減価償却費	1,000	
受取利息	△150	
為替差益	△200	営業活動と関連のないもの
支払利息	600	
売上債権の増加額	△1,300	＝5,300－4,000
棚卸資産の増加額	△400	＝2,600－2,200
仕入債務の増加額	700	＝3,400－2,700
小計	4,750	
利息の受取額	150	
利息の支払額	△500	＝600－100
法人税等の支払額	△1,500	＝700＋（1,800－1,000）
営業活動によるキャッシュ・フロー	**2,900**	

90 個別キャッシュ・フロー計算書（その3）

《解答》 ②

《解説》 （以下、単位：千円）

売上債権

期　　首	900	入 金 額	7,615
		割 引 額	750
売 上 高	8,455	期　　末	990

棚卸資産

期　　首	600	売上原価	4,950
仕 入 高	4,890	期　　末	540

仕入債務

支 払 高	4,845	期　　首	600
期　　末	645	仕 入 高	4,890

当期のキャッシュ・フロー計算書（一部）

Ⅰ　営業活動によるキャッシュ・フロー

営　　業　　収　　入	8,290※
商品の仕入れによる支出	△4,845
	3,445

※　営業収入は、売上債権の入金額と割引額から割引料を差引いた金額となる。

7,615＋675＝8,290

91 在外子会社のキャッシュ・フロー計算書

《解答》 ①

《解説》 （以下、単位：千円）

問題の〔資料２〕在外子会社Ｘ社の邦貨建キャッシュ・フロー計算書

キャッシュ・フロー計算書

Ⅰ	営業活動によるキャッシュ・フロー	5,305,552※１
Ⅱ	投資活動によるキャッシュ・フロー	△1,174,750※２
Ⅲ	財務活動によるキャッシュ・フロー	△2,741,668※３
Ⅳ	現金及び現金同等物に係る換算差額	516,676※４
Ⅴ	現金及び現金同等物の増加額	1,905,810※５
Ⅵ	現金及び現金同等物の期首残高	3,424,800※６
Ⅶ	現金及び現金同等物の期末残高	5,330,610※７

※１　41,776千ドル×￥127／＄＝5,305,552（当期AR）

※２　9,250千ドル×￥127／＄＝△1,174,750（当期AR）

※３　(21,580千ドル－378千ドル÷75％)×￥127／＄＋378千ドル÷75％×￥129／＄＝△2,741,668（当期AR、剰余金の配当）

※４　※５－(※１＋※２＋※３)＝516,676

※５　※７－※６＝1,905,810

※６　28,540×￥120／＄＝3,424,800（期首残高、前期末CR）

※７　39,486×￥135／＄＝5,330,610（期末残高、当期末CR）

92 連結キャッシュ・フロー計算書

《解答》 ②

《解説》 （以下、単位：千円）

１．本問の解き方

営業活動のキャッシュ・フローの最終値のみを聞いているので、直接法の連結キャッシュ・フロー計算書の作成過程で消去振替される金額のみを集計する。

2．売上債権、仕入債務の分析（□は貸借差額）

P社 売上債権（借方）	P社 売上債権（貸方）	S社 仕入債務（借方）	S社 仕入債務（貸方）
首　4,000	回収　[27,000]	支払　27,000	首　4,000
売上　50,000	裏書　12,000	支払　11,000	仕入　49,500
		末　1,000	未達　+500
	割引　10,000	支払　[8,500]	
		末　1,500※	
	末　5,000	末　4,500 未達　+500	

※　7,000＋500－(4,500＋500)－1,000＝1,500

3．直接法の修正仕訳（営業キャッシュ・フローに係るものはアンダーラインを引いている）

(1)　営業収入、仕入支出の相殺

<u>(営業収入) 27,000</u>　<u>(仕入支出) 27,000</u>

(2)　割引手形に係る修正

<u>(営業収入) 10,000</u>　(短期借入れによる収入) 10,000

(短期借入金の返済による支出) 8,500　<u>(仕入支出) 8,500</u>

(3)　貸付金と借入金の相殺

(長期借入れによる収入) 10,000　(長期貸付による支出) 10,000

<u>(利息及び配当金の受取額) 200</u>　<u>(利息の支払額) 200</u>

※　10,000×2％＝200

(4)　土地の売却

(有形固定資産売却による収入) 12,000　(有形固定資産取得による支出) 12,000

(5)　配当金の相殺

<u>(利息及び配当金の受取額) 4,000</u>　(配当金の支払額) 4,000

※　5,000×80％＝4,000

4．営業キャッシュ・フロー の算定

18,050＋9,700－27,000＋27,000－10,000＋8,500－4,000＝22,250

なお、本問で調整が必要となるものは、割引手形と配当金のみであることから、18,050＋9,700－10,000＋8,500－4,000＝22,250で解答を導き出すことができる。

第19章 1株当たり情報

解答・解説編

93 1株当たり当期純利益（その1）

《解答》 ③

《解説》

1．1株当たり当期純利益の算定

(1) 期中平均株式数

10,000株－1,000株×90日／365日≒9,753株

(2) 1株当たり当期純利益

62,420,000円÷9,753株≒6,400円

2．潜在株式調整後1株当たり当期純利益の算定

(1) 当期純利益調整額

640,000円×（1－40％）＝384,000円

(2) 普通株式増加数

25,600,000円÷20,000円＝1,280株

(3) 希薄化効果の判定

384,000円÷1,280株＝300円 ＜ 6,400円　　∴ 希薄化効果あり

(4) 潜在株式調整後1株当たり当期純利益

(62,420,000円＋384,000円)÷(9,753株＋1,280株)≒**5,692**円

94 1株当たり当期純利益（その2）

《解答》 ③

《解説》 （以下、単位：円）

1．1株当たり当期純利益の算定

⑴ 親会社株主に帰属する当期純利益：876,960,000

連結財務諸表における1株当たり当期純利益は親会社株主に帰属する当期純利益に基づいて算定する。

⑵ 普通株式の期中平均株式数：232,000株＋20,000株×146日／365日＝240,000株

⑶ 1株当たり当期純利益：876,960,000÷240,000株＝3,654

2．潜在株式調整後1株当たり当期純利益の算定

⑴ 希薄化効果の判定

45,000＜54,000 ∴希薄化効果あり

⑵ 当期純利益調整額：なし

⑶ 普通株式増加数（新株予約権60,000個⇒権利行使に伴う株式発行数：60,000株）

入金額：60,000株×@45,000＝2,700,000,000

自己株式買受数：2,700,000,000÷@54,000＝50,000株

普通株式増加数：60,000株－50,000株＝10,000株

⑷ 潜在株式調整後1株当たり当期純利益

876,960,000÷(240,000株＋10,000株)≒**3,508**

第20章 その他

解答・解説編

95 セグメント情報の開示

《解答》 ④

《解答》　　　　　　　　　　　　　　　　　　　　　（以下、単位：百万円）

1．量的基準

(1) 売上高基準

事業セグメントの売上高（事業セグメント間の内部売上高又は振替高を含む。）がすべての事業セグメントの売上高の合計額の10％以上、すなわち2,047［＝20,470×10％］以上である、事業セグメントＢ、Ｄが売上高基準を満たす。

(2) 利益基準

事業セグメントの利益又は損失の絶対値が、利益の生じているすべての事業セグメントの利益の合計額又は損失の生じているすべての事業セグメントの損失の合計額の絶対値のいずれか大きい額の10％以上、すなわち296［＝2,960（＊）×10％］以上である、事業セグメントＡ、Ｂ、Ｄが利益基準を満たす。

（＊）
利益の生じているすべての事業セグメントの利益の合計額：490＋1,260＋960＋250＝2,960＞損失の生じているすべての事業セグメントの損失の合計額の絶対値：280＋100＝380

⑶　資産基準

事業セグメントの資産が、すべての事業セグメントの資産の合計額の10％以上、すなわち1,576［＝15,760×10％］以上である、事業セグメントＢ、Ｄが資産基準を満たす。

2．事業セグメントの追加

⑴　概要

報告セグメントの外部顧客への売上高の合計額が損益計算書の売上高の75％未満である場合には、損益計算書の売上高の75％以上が報告セグメントに含まれるまで、報告セグメントとする事業セグメントを追加して識別する。

⑵　報告セグメントの追加の要否

量的基準を満たす報告セグメントの外部顧客への売上高の合計額：

1,330［Ａ］＋6,090［Ｂ］＋4,240［Ｄ］＝11,660＜12,000［＝16,000×75％］

∴　報告セグメントの追加が必要である。

⑶　追加する事業セグメント

事業セグメントＣ、Ｅ、Ｆのうち外部顧客への売上高の最も大きい事業セグメントＥを報告セグメントとして追加する。

1,330［Ａ］＋6,090［Ｂ］＋4,240［Ｄ］＋1,820［Ｅ］＝13,480≧12,000［＝16,000×75％］より、これ以上の報告セグメントの追加は不要である。

3．解答

以上より、報告セグメントとして開示が要求される事業セグメントは、**ＡＢＤＥ**である。

96 会計上の変更及び誤謬の訂正

《解答》 ③

《解説》 （単位：千円）

比較方式で表した前期の損益計算書

	遡及処理前	遡及処理後	差額
売上高	4,000	4,000	——
売上原価			
期首商品棚卸高	100	150	50
当期商品仕入高	3,000	3,000	——
合計	3,100	3,150	50
期末商品棚卸高	300	450	150
売上原価	2,800	2,700	△100
売上総利益	1,200	1,300	100
・・・	・・・	・・・	・・・
税引前当期純利益	1,200	1,300	100
法人税等	480	480	——
法人税等調整額	——	40※	40
当期純利益	720	780	60

※　遡及処理が行われた場合、税引前の遡及処理額に法定実効税率を乗じた額だけ税金費用に影響を与えることを前提とする。すなわち、遡及処理を行うことによって会計上の利益が変更されるが税務上の課税所得は変わらないため、税効果会計を適用する。

なお、解説の便宜上、売上高を4,000と仮定しており、売上総利益と税引前当期純利益は等しいものとする。

97 四半期財務諸表

《解答》 ③

《解説》　（以下、単位：千円）

1．年間見積実効税率の算定

(1) 年間の予想税金費用

(500,000＋20,000)×40％－3,000＝205,000
（20,000：永久差異、3,000：税額控除）

(2) 年間見積実効税率

205,000÷500,000＝41％

2．解答の金額

235,000×41％＝**96,350**

98 総　　合

《解答》 ⑤

《解説》　（以下、単位：万円）

1．A商品

(1) 先入先出法

期末商品棚卸数量：100個＋400個－150個＋350個－300個＋200個－200個＝400個

期末商品棚卸高：200個×@2.6＋200個×@2.8＝1,080

(2) 移動平均法

(100個×@2.2＋400個×@2.4)÷500個［＝100個＋400個］×350個［＝500個－150個］＝826

(826＋350個×@2.6)÷700個［＝350個＋350個］×400個［＝700個－300個］＝992

(992＋200個×@2.8)÷600個［＝400個＋200個］×400個［＝600個－200個］≒1,035

(3)　総平均法

総仕入高：100個 × @2.2 + 400個 × @2.4 + 350個 × @2.6 + 200個 × @2.8 = 2,650

平均単価：2,650 ÷ (100個 + 400個 + 350個 + 200個) ≒ @2.5238

期末商品棚卸高：400個 × @2.5238 ≒ 1,010

(4)　(1) > (2) > (3)　∴　(3)総平均法

2．長期貸付金（B社）

(1)　財務内容評価法

貸倒見積高：(10,000 − 8,000) × (100% − 40%) = 1,200

債権評価額：10,000 − 1,200 = 8,800

(2)　キャッシュ・フロー見積法

債権評価額：400［= 10,000 × 4.0%］÷ 1.06 + 400 ÷ 1.06^2 + (10,000 + 400) ÷ 1.06^3 ≒ 9,465

(3)　(2) > (1)　∴　(1)財務内容評価法

3．C車両

(1)　定額法

4,500 ÷ 10年 × 9年 = 4,050

(2)　200%定率法

4,500 − 4,500 × 0.200［= 1 ÷ 10年 × 200%］= 3,600

(3)　生産高比例法

$$4,500 - 4,500 \times \frac{23,000\text{km}}{200,000\text{km}} \fallingdotseq 3,983$$

(4)　(1) > (3) > (2)　∴　(2)　200%定率法

99 連結総合問題（その１）

《解答》 問１ ⑤　問２ ③　問３ ④　問４ ③　問５ ②
問６ ①

《解説》　（以下、単位：千円）

１．クウィック・メソッド

	×1.3.31		×3.3.31		×4.3.31
資本金	800,000		800,000		800,000
利益剰余金	279,000	83,400 / 333,600	696,000※１	57,400 / 229,600	983,000
評価差額	161,000※２		161,000		161,000
合計	1,240,000		1,657,000		1,944,000
持分比率	80%		80%		80%
のれん	808,000※３	△161,600※４ ×２年	484,800	△161,600	323,200
利益剰余金	△80,000	←支払手数料			

※１　983,000［当期末利益剰余金］－287,000［当期純利益］＝696,000
便宜上、当期に剰余金の配当をしていないものとして示す（以下同様）。

※２　(980,000－750,000)×（１－30%）＝161,000

※３　1,800,000－1,240,000×80%＝808,000

※４　808,000÷５年＝161,600

２．連結修正仕訳等

⑴　資産・負債の時価評価

（土　　　地）	230,000※１	（評　価　差　額）	161,000※２
		（繰延税金負債）S社	69,000※３

※１　980,000－750,000＝230,000

※２　230,000×（１－30%）＝161,000

※３　230,000×30％＝69,000

⑵　付随費用に係る処理

（利益剰余金） 当期首残高	80,000	（子会社株式）	80,000

支配獲得日において支出した付随費用は、個別財務諸表上は取得原価に含まれているため、連結修正仕訳にて発生時の費用に振り替える。

⑶　開始仕訳

（資本金） 当期首残高	800,000	（子会社株式）	1,800,000
（利益剰余金） 当期首残高	685,600※１	（非支配株主持分） 当期首残高	331,400※２
（評価差額）	161,000		
（のれん）	484,800		

※１　279,000＋83,400＋161,600×２年＝685,600

※２　1,657,000×（１－80％）＝331,400

⑷　のれんの償却

（販売費及び一般管理費） のれん償却額	161,600	（のれん）	161,600

⑸　当期純利益の按分

（非支配株主に帰属する当期純損益）	57,400	（非支配株主持分）	57,400

※　287,000×（１－80％）＝57,400

⑹　土地（未実現利益の消去）

（特別損益） 土地売却益	130,000	（土地）	130,000※１
（繰延税金資産） P社	39,000	（法人税等調整額）	39,000※２

※１　460,000－330,000＝130,000

※２　130,000×30％＝39,000

⑺　商品

①　未達取引の整理

（売上原価） 当期商品仕入高	5,400	（買掛金）	5,400

(商品)	5,400	(売上原価) 期末商品棚卸高	5,400

② 取引高の相殺消去

(売上高)	1,522,800	(売上原価)	1,522,800

③ 期首の未実現利益

i 開始仕訳

(利益剰余金) 当期首残高	29,000	(商品)	29,000※1
(繰延税金資産) S社	8,700	(利益剰余金) 当期首残高	8,700※2
(非支配株主持分) 当期首残高	4,060	(利益剰余金) 当期首残高	4,060※3

※1 174,000×0.2/1.2＝29,000

※2 29,000×30%＝8,700

※3 (29,000－8,700)×(1－80%)＝4,060

ii 実現仕訳

(商品)	29,000	(売上原価)	29,000
(法人税等調整額)	8,700	(繰延税金資産) S社	8,700
(非支配株主に帰属する当期純損益)	4,060	(非支配株主持分)	4,060

④ 期末の未実現利益

(売上原価)	33,900	(商品)	33,900※1
(繰延税金資産) S社	10,170	(法人税等調整額)	10,170※2
(非支配株主持分)	4,746	(非支配株主に帰属する当期純損益)	4,746※3

※1 (198,000＋5,400)×0.2/1.2＝33,900

※2 33,900×30%＝10,170

※3 (33,900－10,170)×(1－80%)＝4,746

(8) 売掛金と買掛金の相殺消去

(買掛金)	80,000	(売掛金)	80,000

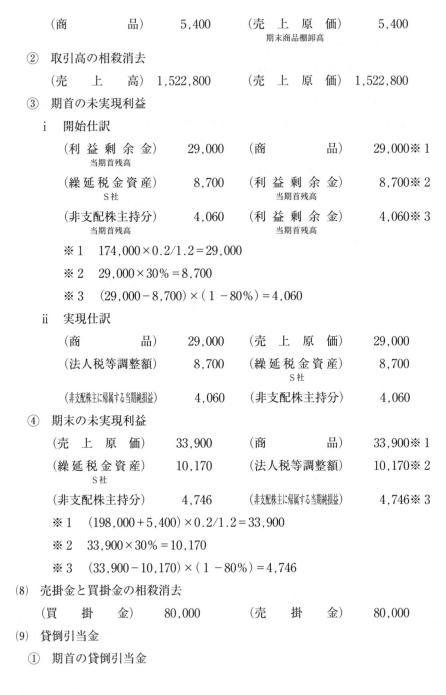

(9) 貸倒引当金

① 期首の貸倒引当金

i　開始仕訳

(貸 倒 引 当 金)	2,100	(利 益 剰 余 金) 当期首残高	2,100※1
(利 益 剰 余 金) 当期首残高	630	(繰 延 税 金 資 産) S社	630※2
(利 益 剰 余 金) 当期首残高	294	(非支配株主持分) 当期首残高	294※3

※1　70,000×3％＝2,100

※2　2,100×30％＝630

※3　(2,100－630)×(1－80％)＝294

ii　実現仕訳

(販売費及び一般管理費) 貸倒引当金繰入額	2,100	(貸 倒 引 当 金)	2,100
(繰 延 税 金 資 産) S社	630	(法人税等調整額)	630
(非支配株主持分)	294	(非支配株主に帰属する当期純損益)	294

②　期末の貸倒引当金

(貸 倒 引 当 金)	2,400	(販売費及び一般管理費) 貸倒引当金繰入額	2,400※1
(法人税等調整額)	720	(繰 延 税 金 資 産) S社	720※2
(非支配株主に帰属する当期純損益)	336	(非支配株主持分)	336※3

※1　80,000×3％＝2,400

※2　2,400×30％＝720

※3　(2,400－720)×(1－80％)＝336

3．解答の金額

(1)　売上原価

(6,184,000＋1,324,000)－1,522,800－29,000＋33,900＝**5,990,100**

(2)　販売費及び一般管理費

(1,436,750＋815,600)＋161,600(のれん償却)＋2,100－2,400(貸倒引当金)＝**2,413,650**

(3)　非支配株主に帰属する当期純利益

57,400＋4,060－4,746(商品)－294＋336(貸倒引当金)＝**56,756**

⑷　土地

(1,320,000＋1,210,000)＋230,000－130,000＝**2,630,000**

⑸　繰延税金資産

①　納税主体Ｐ社

繰延税金資産：109,395＋39,000＝148,395

繰延税金負債：なし

②　納税主体Ｓ社

繰延税金資産：43,800＋10,170－720＝53,250

繰延税金負債：69,000

③　連結財務諸表に計上される繰延税金資産

148,395

④　連結財務諸表に計上される繰延税金負債

69,000－53,250＝15,750

> 繰延税金資産と繰延税金負債がある場合には、それぞれ相殺して表示するものとする。
> ただし、異なる納税主体の繰延税金資産と繰延税金負債は、原則として相殺してはならない。

⑹　利益剰余金

$$2,467,000+\underbrace{333,600+229,600-161,600\times 3\text{年}-80,000}_{\text{クウィック・メソッド}}-\underbrace{130,000+39,000}_{\text{土地}}$$

$$-\underbrace{33,900+10,170+4,746}_{\text{商品}}+\underbrace{2,400-720-336}_{\text{貸倒引当金}}=\mathbf{2,356,760}$$

［参考］連結損益計算書

売上原価	5,990,100	売上高	9,154,200
販売費及び一般管理費	2,413,650	営業外損益	60,000
法人税、住民税及び事業税	378,000	特別損益	53,350
非支配株主に帰属する当期純利益	56,756	法人税等調整額	70,380
親会社株主に帰属する当期純利益	499,424		

100 連結総合問題（その２）

《解答》 問１ ⑥　問２ ④　問３ ②　問４ ④　問５ ⑤
問６ ③

《解説》　（以下、単位：千円）

1．個別財務諸表の修正（単位：千ドル）

（土　地）	75	（評 価 差 額）	75

※　700千ドル－625千ドル＝75千ドル

2．クウィック・メソッド

	@102円 ×1年12月	@103円	@105円 ×2年12月	@108円	@110円 ×3年12月
資本金	306,000※１		306,000		306,000
利益剰余金	229,500※１	11,330 45,320	286,150※２	17,280 69,120	372,550※３
評価差額	7,650※１		7,650		7,650
為替換算調整勘定	0	3,415 13,660	17,075※５	6,195 24,780	48,050※５
合計	543,150※４		616,875※４		734,250※４
持分比率	80%		80%		80%
外貨のれん （単位：千ドル）	（240※６）	（△24※７）	（216）	（△24）	（192）
のれん	24,480※８	△2,472※９ 為調672※10	22,680※８	△2,592※９ 為調1,032※11	21,120※８

※１　外貨額×@102円

※２　229,500＋(2,800千ドル－2,250千ドル)×@103円＝286,150

※３　286,150＋(3,600千ドル－2,800千ドル)×@108円＝372,550

※４　外貨資本合計×CR

※５　資本合計－(資本金＋利益剰余金＋評価差額)

※６　4,500千ドル－(3,000千ドル＋2,250千ドル＋75千ドル)×80％＝240千ドル

※７　240千ドル÷10年＝24千ドル

※８　外貨ののれん×CR

※９　24千ドル×AR

※10　22,680－(24,480－2,472)＝672

※11　21,120－(22,680－2,592)＝1,032

３．連結修正仕訳

⑴　開始仕訳

(資　本　金) 当期首残高	306,000	(Ｓ　社　株　式)	459,000※１
(利益剰余金) 当期首残高	243,302※３	(非支配株主持分) 当期首残高	123,375※２
(評　価　差　額)	7,650		
(為替換算調整勘定) 当期首残高	2,743※４		
(の　れ　ん)	22,680		

※１　4,500千ドル×@102円＝459,000

※２　616,875×(１－80％)＝123,375

※３　229,500＋11,330＋2,472＝243,302

※４　3,415－672＝2,743

⑵　のれんの償却

(販売費及び一般管理費) のれん償却額	2,592	(の　れ　ん)	2,592

⑶　のれんに係る為替換算調整勘定

(の　れ　ん)	1,032	(為替換算調整勘定)	1,032

⑷　当期純利益の按分

(非支配株主に帰属する当期純損益)	17,280	(非支配株主持分)	17,280

※　800千ドル×@108円×(１－80％)＝17,280

⑸　為替換算調整勘定の按分

(為替換算調整勘定)	6,195	(非支配株主持分)	6,195

※　(48,050－17,075)×(１－80％)＝6,195

(6) 内部取引の相殺消去

(売　上　高)	153,000	(売 上 原 価)	153,000

(7) 商品の未実現利益

① 前期末分（開始仕訳）

(利益剰余金) 当期首残高	1,560	(商　　品)	1,560※1
(非支配株主持分) 当期首残高	312	(利益剰余金) 当期首残高	312※2

※1　15,600×10%＝1,560

※2　1,560×(1－80%)＝312

② 前期末分（実現仕訳）

(商　　品)	1,560	(売 上 原 価)	1,560
(非支配株主に帰属する当期純損益)	312	(非支配株主持分)	312

③ 当期末分

(売 上 原 価)	2,150	(商　　品)	2,150※1
(非支配株主持分)	430	(非支配株主に帰属する当期純損益)	430※2

※1　21,500×10%＝2,150

※2　2,150×(1－80%)＝430

(8) 建物の未実現利益

① 開始仕訳

(利益剰余金) 当期首残高	1,521	(建　　物)	1,521

［参考］前期の連結修正仕訳

ア 売却益の消去

(特別損益) 建物売却益	1,560	(建　　物)	1,560

※　240千ドル×@104円－23,400＝1,560

イ 減価償却費の修正

(建　　物)	39	(販売費及び一般管理費) 減価償却費	39

※　1,560÷20年×6ヶ月/12ヶ月＝39

② 当期の減価償却費の修正

(建　　　物)	78	(販売費及び一般管理費) 減価償却費	78

※ 1,560÷20年＝78

4．解答の金額

(1) 土地と建物の合計額

① 土地

500,000＋(625千ドル＋75千ドル)×@110円［CR］＝577,000
（500,000：P社、(625千ドル＋75千ドル)×@110円［CR］：S社）

② 建物

170,000＋525千ドル×@110円［CR］－1,521+78＝226,307
（170,000：P社、525千ドル×@110円［CR］：S社、1,521+78：連結修正）

③ 合計

577,000＋226,307＝**803,307**

(2) 非支配株主持分

734,250×(1－80%)－430＝**146,420**
（734,250×(1－80%)：クウィック・メソッド、430：商品）

(3) 売上総利益

① 売上高

6,000,000＋(11,250千ドル－1,440千ドル)×@108円［AR］＋153,000－153,000
（6,000,000：P社、(11,250千ドル－1,440千ドル)×@108円［AR］＋153,000：S社、153,000：連結修正）

＝7,059,480

② 売上原価

3,800,000＋6,750千ドル×@108円［AR］－153,000－1,560＋2,150＝4,376,590
（3,800,000：P社、6,750千ドル×@108円［AR］：S社、153,000－1,560＋2,150：連結修正）

③ 売上総利益

7,059,480－4,376,590＝**2,682,890**

(4) 販売費及び一般管理費

1,420,000＋2,725千ドル×@108円［AR］＋2,592－78＝**1,716,814**
（1,420,000：P社、2,725千ドル×@108円［AR］：S社、2,592－78：連結修正（のれん償却額・減価償却費））

(5) 親会社株主に帰属する当期純利益

320,000＋69,120－2,592＋1,560－312－2,150＋430＋78＝**386,134**
（320,000：P社、69,120－2,592：クウィック・メソッド、1,560－312－2,150＋430：商品、78：建物）

(6) その他の包括利益（為替換算調整勘定）

クウィック・メソッドより、(48,050－17,075)＋1,032＝**32,007**

［参考］

1．在外子会社の財務諸表項目の換算方法

<table>
<tr><th colspan="4">財務諸表項目</th><th>換算基準</th></tr>
<tr><td rowspan="3">B/S</td><td colspan="3">資産及び負債</td><td>CR</td></tr>
<tr><td rowspan="2">S/S</td><td rowspan="2">株主資本</td><td>親会社による株式取得時における項目</td><td>HR（株式取得時）</td></tr>
<tr><td>親会社による株式取得後に生じた項目</td><td>HR（当該項目発生時）</td></tr>
<tr><td rowspan="2">P/L</td><td colspan="2" rowspan="2">収益及び費用</td><td>親会社との取引以外により生じた項目</td><td>原則：AR 容認：CR</td></tr>
<tr><td>親会社との取引により生じた項目</td><td>親会社と同じレート</td></tr>
</table>

連結修正仕訳において親会社の収益・費用と相殺消去されるもの

2．連結損益計算書

売上原価	4,376,590	売上高	7,059,480
販売費及び一般管理費	1,716,814	為替差益　※	2,520
営業外損益（為替差益を除く）	435,940	特別損益	99,240
法人税、住民税及び事業税	228,600		
非支配株主に帰属する当期純利益	17,162		
親会社株主に帰属する当期純利益	386,134		

※　1,440千ドル×@108円［AR］－153,000＝2,520

正誤・法改正に伴う修正について

本書掲載内容に関する正誤・法改正に伴う修正については「資格の大原書籍販売サイト　大原ブックストア」の「正誤・改正情報」よりご確認ください。

https://www.o-harabook.jp/
資格の大原書籍販売サイト 大原ブックストア

内容に関する解説指導・ご質問対応等は行っておりません。
予めご了承ください。

大原の公認会計士受験シリーズ
短答式対策　財務会計論（計算）　試験に出る問題集（8版）

2016年2月25日　初版発行
2023年5月1日　8版発行

■著　　　者――資格の大原 公認会計士講座
■発　行　者――大原出版株式会社
〒101-0065
東京都千代田区西神田1-2-10
TEL 03-3292-6654
■印刷・製本――奥村印刷株式会社

落丁本、乱丁本はお取り替えいたします。定価はカバーに表示してあります。
ISBN978-4-86783-046-8　C3033